KB166888

SPARKNOTES™

도덕의 계보

Genealogy of Morals

프리드리히 니체

다락원 | Spark Publishing

SPARKNOTES™ 008

도덕의 계보

펴낸이 정효섭
펴낸곳 (주)다락원

초판 1쇄 인쇄 2009년 2월 10일
초판 1쇄 발행 2009년 2월 17일

책임편집 안창열
디자인 손혜정
번역 강태원
표지삽화 손창복

다락원 경기도 파주시 교하읍 문발리 509-1
내용문의: (031)955-7272(내선 400)
구입문의: (02)736-2031(내선 112~114)
Fax: (02)732-2037
출판등록 1977년 9월 16일 제300-1977-23호

Copyright ⓒ 2009, 다락원

출판사의 허락 없이 이 책의 일부 또는 전부를
무단 복제 · 전재 · 발췌할 수 없습니다.
잘못된 책은 바꿔 드립니다.

값 7,000원

ISBN 978-89-5995-173-4 43740

http://www.darakwon.co.kr
일이관지(一以貫之) 논술팀이 제시한 실전 연습문제 답안작성
논술가이드는 www.darakwon.co.kr에서 무료 제공합니다.

세계의 교양을 읽는다

고전을 왜 읽는가?

인간의 삶과 세상에 대한 영원한 물음이 있기 때문이다. 시대와 사상을 뛰어넘어 지금 여기 우리에게 필요한 물음이 없는 고전은 더 이상 고전이 아니다. 인간과 삶에 대한 근원적인 물음 없이 고전을 읽는다면 자신과 인간에 대한 성찰과 지혜로 이어지지 않는다. 논술 시험 때문에, 과제물 때문에, 아니면 남들이 읽으니까, 나도 읽는다는 식이라면 그 책은 죽은 책일 수밖에 없다.

고전을 살아 있는 책으로 만드는 이 '물음!'에 답하기 위해서는 좋은 길잡이가 필요하다. 오랜 기간 동안 미국의 고교생과 대학 주니어들이 시험, 에세이 작성, 심층토론 준비를 위해 바이블처럼 애용해온 'SPARKNOTES'와 'CliffsNotes'는 바로 그런 좋은 길잡이의 표본이다. 이 두 시리즈가 원조 논술연구모임인 '일이관지(一以貫之)' 팀의 촌철살인적 해설을 곁들여 논술로 고민중인 대한민국 학생 여러분을 찾아간다.

SPARKNOTES와 CliffsNotes의 가장 큰 장점은 방대하고 난해한 고전을 Chapter별로 요약하고 분석해서 원전의 내용에 보다 쉽고 체계적으로 접근하는 신속·간편성이라고 할 수 있다. 여기에 '一以貫之' 팀이 원전의 중요한 문제의식, 즉 근원적 '물음'은 무엇이며, 그 '물음'은 오늘날에도 여전히 유효한가, 라는 질문을 다시 던진다.

대입논술로 고민하고, 자칭 타칭의 고전이 넘쳐나는 오늘의 독서풍토에서 지적 정복이 긴박한 대한민국 학생들에게 감히 이 시리즈를 자신있게 권한다.

一以貫之 논술연구모임 연구실장 이호곤

차례

이 책의 구성

SPARKNOTES와 CliffsNotes는 방대하고 난해한 원작을 보다 쉽게 이해할 수 있도록 돕는 안내서입니다. 여기에는 원작 이해를 돕기 위해 매 장마다 '요점 정리(또는 줄거리)'와 '풀어보기'가 실려 있습니다. '요점 정리(또는 줄거리)'에는 원저의 내용을 일목요연하게 정리해 놓아 저자가 전달하려는 내용을 어렵지 않게 파악할 수 있습니다. '풀어보기'에서는 철학서의 경우, 원저에 담긴 저자의 사상이나 관련 철학, 시대 상황, 논점 등을, 문학 작품인 경우에는 원작에 담긴 문학적 경향, 등장인물의 심리상태, 주제 등을 설명해 놓았습니다. 분석적이고 비판적인 글읽기의 바탕이 되는 요소들이죠. 비소설이나 소설을 막론하고 분석적이고 비판적인 글읽기는 독자에게 꼭 필요한 자질입니다.

그밖에도 원저를 좀더 깊이 복습해서 제대로 소화할 수 있도록 돕기 위해 'Study Questions'와 'Review Quiz' 등을 마련해 놓았습니다.

* 〈　〉는 철학서, 장편소설, 중편소설, 수필집, 시집. "　"는 단편소설, 논문
* 작품명은 독자의 이해를 돕기 위해 예외적인 경우를 제외하고는 영어식으로 표기함.

○ 일이관지(一以貫之) 논술노트

권말에는 일이관지 논술팀에서 작성한 논술노트가 실려 있습니다. 원저를 우리의 삶과 연계시켜 비판적 사고와 논리적 글쓰기의 방향을 제시합니다.

○ 실전 연습문제

논술예제와 기출문제를 통해서는 원작을 바탕으로 출제 가능성이 높은 논점을 함께 숙고해 봅니다.

간추린
명저
노트

프리드리히 니체 Friedrich Nietzsche는 1844년, 독일 (당시에는 프로이센) 작센 뢰켄에서 루터파 목사의 아들로 태어났다. 그의 집안은 루터의 경건주의를 신봉했다. 친할아버지는 프로테스탄트교를 옹호하는 책을 썼고, 외할아버지는 시골 목사였다. 아버지 카를 루트비히 니체는 프로이센의 프리드리히 빌헬름 4세(니체의 이름은 이 왕의 이름에서 따온 것)의 명에 따라 뢰켄의 목사로 임명되었고, 니체가 여섯 살이 되기 전에 세상을 떠났다. 이후 니체는 어머니 프란체스카, 누이 엘리자베스, 할머니와 두 하녀 등 여자들 틈에서 어린 시절을 보냈다.

니체는 매우 탁월한 학생이었다. 대학 시절에는 담당 교수에게 실력을 인정받아 논문을 제출하기도 전인 스물네 살 때 박사학위와 교수 자격증을 취득했다. 이 시기에는 칸트와 쇼펜하우어의 철학에 심취해 있었으나 차후에 그들을 비판하게 된다.

1870년, 니체는 프랑스-프로이센 전쟁에서 위생병으로 복무하던 중 이질, 디프테리아, 매독에 걸렸으며, 여생을 건강 악화, 편두통, 불면증 등에 시달리면서 거의 반 실명상태에 이르렀다. 당시 새롭게 통일된 독일은 과학과 지식은 물론, 독일인의 미래에 대해서도 고삐 풀린 낙관주의가 지배적이었다. 니체는 이 시대를 '허무주의적'이라고 규정짓고, 당시 독일에 팽배했던 기독교, 민족주의, 반유대주의를 적극적 긍정적 가치가 결여된 문화적 타락의 징후로 여겼다. 선견지명을 갖춘 니체는 일찍이 "만약 지금의 유럽 허무주의가 이렇듯 고삐 풀린 채로 계속 달려간다면, 20세기는 이 세계가 지금까지 경험해 보지 못했던 참혹한 전쟁을 눈앞에서 목격하게 되리라!"고 예언했다.

니체는 첫 번째 저서인 〈비극의 탄생 *The Birth of Tragedy*〉(1872)에서 매우 절친했던 리하르트 바그너를 높이 평가했으나 1870년대에는 바그너의 반유대주의, 민족주의, 기독교 찬양을 비판했다. 젊은 시절에 감명을 주었던 바그너와 열혈 민족주의자요 반유대주의자인 여동생 때문에 니체는 시종일관 독일 민족주의와 반유대주의, 기독교에 대해 구체적이면서도 각별하게 반박을 가했다.

니체의 철학적 성숙기는 〈인간적인, 너무도 인간적인 *Human, All-Too-Human*〉(1878)의 출간과 더불어 시작되었으며, 1883년부터 1885년 사이에 네 부분으로 나뉘어 출판된 〈차라투스트라는 이렇게 말했다 *Thus Spoke Zarathustra*〉에서 절정을 이루었다. 건강이 빠르게 악화되었지만 오히려 저술은 점점 더 늘어나 1886년과 1888년 사이에는 〈선과 악을 넘어서 *Beyond Good and Evil*〉,

〈도덕의 계보 *Genealogy of Morals*〉, 〈우상들의 황혼 *The Twilight of the Idols*〉, 〈반기독교주의자 *The Antichrist*〉, 〈이 사람을 보라 *Ecce Homo*〉(빌라도가 가시 면류관을 쓴 그리스도를 가리켜서 한 말에서 따옴. 요한복음 19:5), 〈바그너의 경우 *The Case of Wagner*〉, 〈니체 대 바그너 *Nietzsche Contra Wagner*〉 등을 저술했다. 1889년 1월, 극도로 쇠약해진 그는 거리에서 쓰러져 실성했고, 11년간 식물인간으로 살다가 1900년에 세상을 떠났다. 니체의 명성을 이용해 자신의 나치즘을 내세우려고 했던 니체의 누이는 니체의 견해들을 왜곡하고, 자의적 · 선별적으로 니체의 저술들을 출판해 마치 니체가 그녀의 명분을 지지하는 것처럼 보이게 만들었다. 그 결과, 20세기 전반부 동안 니체는 수많은 저술들 속에서 독일 민족주의와 반유대주의에 대한 혐오감을 명백히 드러냈음에도 불구하고 나치즘에 공헌한 철학자로 오인되었다.

그 어느 사상가보다 20세기의 사상에 지대한 영향을 미친 니체는 유럽 대륙에서 펼쳐지는 거의 모든 철학적 운동에 '영감'을 부여하는 존재이고, 그의 비평들과 연구방법론은 당대를 훨씬 넘어서는 것이다. 니체의 덕을 본 후대의 철학자로는 마르틴 하이데거, 미셸 푸코, 토마스 만, 조지 버나드 쇼, 윌리엄 예이츠, 제임스 조이스, 자크 데리다, 장 폴 사르트르 등을 꼽을 수 있다.

| Who's who |

칸트(Immanuel Kant. 1724-1804)**:** 독일 철학자, 데카르트의 합리주의(도리·이성·논리가 일체를 지배한다고 보고, 비합리와 우연적인 것을 배척)와 베이컨의 경험주의(관찰과 실험을 중시)를 종합해 비판철학을 탄생시켰다. 주요 저서는 〈순수이성비판〉, 〈실천이성비판〉, 〈판단력비판〉 등.

쇼펜하우어(Arthur Schopenhauer. 1788-1860)**:** 독일 철학자이자 염세사상의 대표자. 칸트의 인식론, 플라톤의 이데아론, 인도철학의 범신론으로부터 영향을 받았고, 니체를 거쳐 생의 철학, 실존철학, 인간학 등에 영향을 미침. 주요 저서는 〈의지와 표상으로서의 세계〉 등.

리하르트 바그너(Wilhelm Richard Wagner. 1813-83)**:** 독일 음악가, 시인, 문화철학자. 19세기 독일의 낭만적 오페라를 지양하고 종합예술인 악극을 창시했다. 그의 예술관·세계관은 철학자·작가를 비롯해 광범위한 문학인에게 다채로운 영향을 주었다.

마르틴 하이데거(Martin Heidegger. 1889-1976)**:** 독일 실존철학자. 인간 존재 뒤에 영원불변의 뭔가가 있다는 형이상학을 비판하고, 불안, 심려, 죽음, 양심 등, 실존에 관계되는 여러 양태를 조직적·포괄적으로 연구했다. 주요 저서는 〈존재와 시간〉 등.

미셸 푸코(Michel P. Foucault. 1926-84)**:** 프랑스 철학자, 역사가, 사회학자. 다양한 사회적 기구, 특히 정신의학, 의학, 감옥의 체계에 대한 비판으로 유명하다. 모든 것은 사회구조와 언어구조 등이 결정하며, 인간의 자아나 관념 역시 이 구조 안에서 탄생·전개·소멸된다고 주장했다. 주요 저서는 〈감시와 처벌〉, 〈성의 역사〉 등.

토마스 만(Thomas Mann. 1875-1955)**:** 독일 소설가, 평론가. 감성과 이성, 육체와 정신, 삶과 죽음 등, 이른바 모순된 세계의 대립을 주로 다루었다. 1929년 노벨상 수상. 주요 작품은 〈마(魔)의 산〉 등.

조지 버나드 쇼(George Bernard Shaw. 1856-1950)**:** 아일랜드 극작가, 소설가, 비평가. 희극을 통해 종교적 자각을 탐구했고, 사회와 사회악의 결탁을 파헤쳐 풍자했다. 1925년 노벨상 수상. 주요 작품은 〈인간과 초인〉 등.

윌리엄 예이츠(William Butler Yeats. 1865-1939): 아일랜드 시인 겸 극작가. 낭만적인 주제와 몽환적인 심상을 즐겨 묘사했다. 1923년 노벨상 수상. 주요 시집은 〈오이진의 방랑〉, 〈쿨 호의 백조〉 등.

제임스 조이스(James Joyce. 1882-1941): 아일랜드 소설가, 시인. '의식의 흐름(stream of consciousness)' 기법을 도입해 인간의 내면세계를 묘사했다. 주요 작품은 〈율리시스〉, 〈젊은 예술가의 초상〉 등.

자크 데리다(Jacques Derrida. 1930-2004): 프랑스 철학자. 시간과 공간을 관통하는 진리 대신 '지금-여기 있는' 인간 존재 자체에 주목해서 형이상학의 잔재를 비판하고 해체를 주장했다. 주요 저서는 〈목소리와 현상〉 등.

장 폴 사르트르(Jean-Paul Sartre. 1905-80): 프랑스 작가, 사상가. 현상학을 통해 개인적·사회적 실존을 연구했으며, 인간 주체를 역사 발전의 견인차로 보고 의식적 주체의 사회적 실천을 강조했다. 1964년 노벨문학상 수상 거부. 주요 저서는 〈존재와 무〉 등.

　세 편의 논문으로 구성된 〈도덕의 계보〉는 인간의 도덕적 판단의 가치에 대해 문제점을 제기함과 동시에 비판을 곁들인다. 니체는 계보적인 방법에 근거한 연구 과정을 통해 천차만별인 도덕 개념들의 여러 기원과 의미를 철저하게 밝혀나간다.

　"'선과 악', '좋음과 나쁨'"에 대해 다룬 첫 번째 논문은 이른바 '주인 도덕'과 '노예 도덕'을 대비시키고 있다. 주인 도덕은 강하고 건강하고 자유로운 사람들에 의해 발전되어 왔다. 그들은 자신들의 행복을 곧 선이라고 여기고 덕이라고 칭했으나 이와는 대조적으로 나약하고 불건전하며 노예 상태인 사람들을 '나쁜' 쪽으로 간주했는데, 그들이 보기에는 노예들의 나약함이 불미스러웠기 때문이었다.

　이와 반대로 노예들은 부유하고 행복한 주인들에게 억압을 당하고 있다고 느꼈기 때문에 주인들을 '악'이라고 불렀으며, 자신들을 '선'이라고 칭했다.

　두 번째 논문인 "'죄', '양심의 가책 및 기타'"는 죄, 불량한 도의심, 그리고 기타 사항들을 다루고 있다. 죄, 처벌 등과 같은 개념들의 기원을 추적한 그는 이러한 개념들이 원래부터 도덕적 일탈의 의미에 근거하지 않았고, 다만 죄는 일종의 채무 상태를 의미했으며, 처벌은 일종의 변제 확보수단이었음을 보여준다.

죄와 처벌이란 개념들이 현재의 의미를 얻게 된 것은 노예 도덕의 발생 이후에나 가능해졌다. 니체는 '양심의 가책'은 '인간들이 자신을 죄인으로 바라보는 성향'이라고 주장하고, 그 기원을 사회 발전과 더불어 생겨난 필요성, 즉 인간의 공격성과 잔인성 같은 동물적 본능을 억제해서 자기 내부로 향하도록 유도해야 할 필요성에 두고 있다.

세 번째 논문인 "금욕주의적 이상(理想)의 의미는 무엇인가?"에서는 금욕주의*를 정면으로 다루고 있다. 왜냐하면 금욕주의는 당대의 사회생활을 지배하던 강력하고도 역설적인 도덕관념이었기 때문이다. 니체는 금욕주의를 약하고 병든 의지의 표현으로 간주한다. 병든 의지의 주체들은 자신과의 투쟁을 이겨나갈 수 없으므로 자신의 동물적 본능, 즉 세속적 성격을 비열하고 죄스러우며 끔찍한 것으로 여기는 경향이 있다. 이러한 본능들로부터 (더 이상) 자신을 해방시킬 수 없는 의지(니체는 의지를 인격화하고 있음)는 의지 자체를 온순하게 길들이기 위해 가능한 한 많은 시도를 한다. 니체는 "인간이란 아무것도 의욕하지 않기보다

---

* **금욕주의**(禁欲主義. asceticism): 인간의 정신적·육체적 욕구나 욕망을 이성(理性)이나 의지로 억제하고 금함으로써 도덕이나 종교상의 이상을 성취시키려는 사상이나 태도.

는 차라리 무라도 의욕한다"고 결론짓는다. 물에 빠지면 지
푸라기라도 잡는다는 것.

● **권력에의 의지** will to power │ 우주의 모든 사물에 동기를 부여하는 기본적인 힘. 니체는 '자유를 향한 본능'이라고도 말하는데, 모든 다른 의지로부터 독립하는 힘인 동시에 그것들을 지배하는 힘이다. 권력에의 의지는 원시적인 야만인들의 강간, 약탈, 고문 같은 세련되지 않은 행동이기도 하지만, 자기학대를 통해 스스로를 더욱 깊고 강하고 독립적인 마음을 가진 존재로 만들려는 세련된 행동이기도 하다.

● **승화** sublimation │ 권력을 보다 세련된 형태로 표현하기 위해 권력을 향한 순간적인 본능을 억누르는 행위. 예를 들어, 다른 사람을 때리고 싶은 유혹을 참고 그 잔인한 본능을 내 마음속으로 돌리면 마음과 의지가 강해진다.

● **영원회귀** eternal recurrence │ 이 책에서는 간단히 언급되고 있지만 〈차라투스트라는 이렇게 말했다〉의 중심개념이다. 모든 것은 연관성이 있고 영원한 것은 없으며, 누가 우주의 어떤 사물에 대해 "그렇다"고 말하면 모든 사물에 대해 반드시 "그렇다"고 말해야 한다는 인식이다. 니체가

바라는 이상적인 인물은 이 모든 것을 긍정할 수 있는 힘과 용기를 가진 사람이다.

● **관점주의** perspectivism | 진리에 대해 니체가 취하는 입장. 절대적인 진리는 없으며 다만 각자가 취하는 관점이 다를 뿐이라는 것. 진리는 조각상(彫刻像)과 같아서 '올바로' 바라볼 수 있는 방향이 하나만 있는 것이 아니기 때문에 조각상을 제대로 감상하려면 그것의 주위를 한 바퀴 돌면서 가능한 한 여러 각도에서 바라보아야 한다. 원근법주의.

● **노예 도덕** slave morality | 가난하고 병들고 불행하고 주인으로부터 억압받고 학대당하는 노예 계급의 윤리. 이들은 삶을 뭔가 사악하고 잘못된 것으로 보고, 주인이 배 두드리며 삶을 즐기는 것을 '악', 그리고 자신과 자신의 모든 불행을 '선'이라고 생각한다.

● **주인 도덕** master morality | 돈 많고 건강하고 즐거운 귀족 계급의 윤리. 이들은 스스로를 '선'이라고 생각하며, 자기의 모든 생각을 숭고하다고 본다. 가난하고 병들고 불행한 노예들과는 거리를 두며, 그들의 운명을 경멸스럽고 '사악한' 것으로 생각한다.

● **무리** herd | 니체가 평범하고 보잘것없는 대중을 일컫는 말. 개인의 의지가 없고 집단적 본능에 따라 살아가는 짐승의 무리라고 생각한다. 그가 자주 쓰는 '무리의 도덕 herd morality'이란 말은 모든 사람을 똑같이 평범하게 만드는 민주주의적인 의지란 뜻.

● **자유정신의 소유자** free spirit | 한 가지 관점이나 독단적 견해에 휘말리지 않는 융통성 있는 마음을 지닌 사람. 세계를 여러 각도로 보면서 어떤 특정한 관점 속에 숨겨진 편견과 가면을 들춰낸다.

● **바람직한 유럽인** good European | 자유정신적인 개성을 옹호하기 위해 민족주의 감정을 극복한 사람. 니체는 괴테*, 나폴레옹**, 스탕달*** 등을 '바람직한 유럽인'으로 꼽는다.

● **자기극복** self-overcoming | 니체는 우리를 피조물이자

---

* **괴테**(Johann Wolfgang von Goethe. 1749-1832): 독일 시인, 극작가, 정치가, 과학자. 정신적 편협성을 경계하고 인류애를 강조하며 세계인으로 사고·창작·행동했다. 주요 작품은 희곡 〈파우스트〉 등.

** **나폴레옹**(Napoleon Bonaparte. 1769-1821): 프랑스 군인, 정치가. 프랑스 혁명 후 쿠데타로 집권하고 국민투표를 통해 황제(나폴레옹 1세)가 되었으며, 전 유럽을 상대로 전쟁을 벌이다가 패한 뒤 유배됨. 가장 큰 업적은 프랑스 혁명 이념을 유럽 대륙에 전파한 것.

*** **스탕달**(Stendhal. 1783-1842): 프랑스 소설가. 본명은 앙리 베일(Henri Beyle). 사회의 부정의와 불평등을 파헤치면서 그 모순에 항변하고 반항하는 인간상을 제시. 주요 작품은 〈적과 흑〉 등.

창조자라고 생각한다. 우리는 잔인하고 공격적인 본능을 가진 짐승이자 스스로 만든 의지와 가치를 지닌 초인(超人)이라는 것. 보다 숭고하고 초인에 가까워지려면 동물적 본능인 잔인함을 자기 안에 있는 피조물에게 행사하고, 이러한 자기성찰과 내면적인 싸움을 통해 스스로를 보다 깊고 강한 존재로 만들어야 한다. 니체는 이러한 자기학대를 '자기극복'이라고 부른다.

● **초인** overman | 권력에의 의지를 세련시켜 모든 외부적 영향으로부터 스스로를 해방시키고 창조해야 할 독자적인 가치. 〈차라투스트라는 이렇게 말했다〉에서 나온 말로 니체는 이것을 인류의 최종 목표라고 선언한다. 〈선과 악을 넘어서〉에는 나오지 않지만 주해(註解)에서 그 존재를 암시하고 있다. 어떤 특정한 인간을 가리키는 말이 아니며, 원어로는 übermensch(위버멘쉬).

● **허무주의** nihilism | 글자그대로 '믿을 것은 아무것도 없다'는 뜻. 니체는 자신이 살고 있는 시대를 허무한 시대로 규정짓는다. 세계가 무의미하며 변함없는 법의 지배를 받고 있다고 묘사하는 과학을 철저히 신봉하기 때문이라는 것.

  니체의 저술을 제대로 독해하기 어려운 까닭은 우리들
이 추론의 근거나 전제로 삼고 있는 수많은 이론들을 그가
뒤집어버리거나 일단 보류하기 때문이다. 이처럼 그는 그동
안 당연시되던 수많은 '이론들'을 제대로 회의(懷疑)하도록
만들었다는 점에서 서양의 전통적이고도 가장 심오한 사상
가 가운데 한 사람이라고 할 수 있다. 우리가 만약 니체의
계보학적 방법론, 권력(힘)에의 의지, 관점주의를 모두 관
련지어 제대로 이해할 수 있게 된다면, 비로소 그의 주장과
이론들을 이해하기가 훨씬 수월해질 것이다.

  그러면 드디어 니체가 사물과 사물들 사이의 의미를
구분할 때 던져놓은 독창적인 회의(懷疑)를 만나게 된다.
니체는 그 회의를 통해 인간의 수많은 가정과 추측들의 엉
킨 국면들을 차근차근 풀어나간다. 우리는 일반적으로 사
물들이 나름대로의 고유한 의미를 지니고 있을 것이라고
바라보는 경향이 있다. 예를 들면, 처벌은 누군가를 벌주는
행위인 동시에 그 배후에 자리 잡고 있는 이성이기도 하다
는 것. 그러나 니체의 주장에 따르면, 이러한 개념들은 시간
이 흐르면서 의미도 달라진다. 이를테면, 처벌 행위는 시대
와 상황에 따라 정당하고도 자랑스러운 권력의 행사인 반면,

한편으로는 잔인한 행위이고, 또 한편으로는 단순한 앙갚음이기도 하다는 것. 이 같은 의미 변화들을 고려할 때, 우리 인간이 사물을 온전히 이해할 수 있다는 주장은 불가능하다. 만약 어떤 사물이 항상 고정적으로 일정한 의미를 가지고 있다고 추단한다면, 즉 우리가 편벽하고 고루한 사고를 전개한다면, 단언컨대 결코 그 사물이나 사건의 기원을 제대로 이해할 수 없다.

니체가 행하는 비판의 핵심은 도덕의 계보학적 시도의 하나로서, 인간의 다양한 도덕 개념들이 현 상태에 이르게 된 울퉁불퉁하고 구불구불한 경로를 잘 보여준다. 우리는 도덕에는 신이든 이성이든 전통이든 간에 초월적(선험적)인 근거가 있다고 생각하기 때문에 일반적으로 성스럽게 여긴다. 니체의 계보학적 방법에 따른 연구는 '좋음', '나쁨'(또는 양심의 가책), 선과 악 등이 항상 동일한 의미들을 가지고 있다는 기존의 가정과는 반대이면서도 이 같은 용어들의 진화 과정을 잘 설명해 주면서, 당금의 도덕 개념이 지닌 계속성이나 절대적 진실성에 관한 환상들을 낱낱이 깨부순다.

도덕과 관련한 개념이나 용어들이 기나긴 과정을 거치면서 자기모순적이고 심지어는 상반된 의미를 갖는 경우도 있기 때문에 니체는 더 이상 그 개념이나 용어들이 실체를 구성하는 기본 물질이라고는 믿지 않는다. 대신, 이 용어들의 근저를 탐구해 다양한 진화적 의미들을 지니게 만든 것이 무엇인지를 밝혀낸다. 힘과 의지가 바로 그것이다. 니체의 주장에 따르면, 이러한 개념들의 존립은 모두가 권력을 맛보기 위한 서로 다른 의지들의 투쟁이다. 이 '권력에의 의지'는 흔히 자신이 피정복자들보다도 우월하다고 느낄 목적으로 끊임없이 서로 경쟁하는 인간의 모습을 보면 가장 분명하게 드러난다. '하나의 사물이 하나의 의미를 갖는다는 것'은 곧 '거기에 그 사물을 지배하려는 어떤 의지가 존재한다'는 뜻이다. 따라서 하나의 사물이 시간의 경과와 더불어 다양한 의미를 가질 수도 있다는 말은 서로 다른 의지들이 그것을 지배하게 되었다는 의미다. 예를 들면, 한때는 건강하고 힘센 야만인들의 의지에 의해 지배되었던 선의 개념은 오늘날의 개념과는 정반대였다. 오늘날의 '선'은 나약하고 '병든' 금욕주의자들의 의지에 의해 지배받고 있기 때문이다.

니체에 따르면, 당대의 소위 절대적 진실이나 절대적인 그 무엇에 대한 믿음이란 하나의 특별한 의미, 즉 한 사물에 대한 특별한 해석에 굴복하는 것이고, 본질적으로는 어느 특별한 의지에 스스로가 (노예처럼) 지배당하도록 허용하는 것이다. 자유의지로서 온전히 남아 있기를 희구하는 의지는 모든 종류의 절대적인 개념이나 존재들을 거부하면서 사물의 진면목에 도달하기 위해 가능한 한 여러 관점에서 살펴보려고 한다. 탈근대주의적 사상에 지대한 영향을 미친 이 원칙은 '관점주의'라고 불린다.

따라서 니체의 탐구는 매우 '불경스러운' 정신 속에서 진행된다. 더 이상 성스러운 것, 절대적인 것은 없고, 심지어 진리인 것도 없다고 말할 수 있다. 도덕은 신으로부터 전해져온 일련의 의무체계라기보다는 인간 종족처럼 제멋대로 진화한 하나의 자의적(恣意的)인 규율체계에 불과하다. 유일하게 변하지 않는 것은 다른 모든 사물들과 우리 인간들이 계속 더 많은 권력을 쟁취하기 위해 노력한다는 사실이고, 유일하게 변하지 않는 덕은 양심의 가책, 증오, 르상티망*에서 자유로운 강렬한 의지다.

〈도덕의 계보〉에서 진행될 니체의 주된 과제는 기존의 도덕 가치들에 대해 의문을 던지는 것이다. 궁극적으로 니체는 지금의 도덕이 권력 있고 힘세고 건강했던 대상들(주인이나 지배자들)에게 치밀었던 노예들의 분노와 증오에서 탄생했다고 주장하면서, 인간의 미래의 건강이나 번영에 해로운 것으로 간주한다. 한편, 원시적인 주인 도덕을 지녔던

---

* **르상티망**(ressentiment): 원한·복수감. 니체는 권력의지에 의해 촉발된 강자의 공격욕구에 대한 약자의 격정을 복수감이라고 말했다. 이를테면, 기독교의 '사랑'도 실은 증오감·복수감의 숨겨진 정신적 태도에 지나지 않으며, "원수를 사랑하라"도 실천력 부족이나 결여를 상상의 복수로 갚는 인종(忍從)과 관용(寬容)의 도덕에 지나지 않는다는 것.

'금발의 야수들*'과 야만인들은 짐승에 불과했지만, 최소한 강하고 건강했다. 그러나 지금의 금욕주의적인 도덕은 인간의 공격적 본능들을 자기 내부로 향하도록 방향을 틀어 스스로를 투쟁해야 할 새로운 미개척지로 여기게 해서 우리 인간을 심오하게 만들었다. 니체가 이상적으로 생각하는 것은 그 심오함을 유지하되 우리의 동물적 본능이나 내부로부터 뿜어 나오는 생명력을 결코 수치스러워하지 않는 것이다.

---

* **금발의 야수들**: 니체는 〈도덕의 계보〉에서만 사용했던 이 용어로 인해 반유대주의를 표방하는 백인우월론자라는 비난을 받았다. 공교롭게도 이 용어가 히틀러의 글에서도 쓰이고 있기 때문에 20세기 초반에는 더더욱 그 같은 비난을 면키 어려웠다.

Section별 정리 노트

서문

니체가 서문을 열면서 던지는 첫 번째 화두는 철학자
들이 일반적으로 '자신에 대한 앎'을 결여하고 있다는 사실
이다. 철학자들의 일은 지식을 추구하는 것인데, 그 지식은
그들을 진정한 자아로부터 멀어지게 만든다는 것. 그들이
현재의 경험이나 자신들에 대해 적절한 관심을 갖는 경우
는 아주 드물다.

이어 니체는 '우리 도덕적 편견들의 기원'이라는 연구
주제를 소개한다. 이 작품에 나타나는 사상들은 10여 년 전
〈인간적인, 너무나 인간적인〉에서 처음으로 발표되었던 것
인데, 니체는 그동안 이 사상들이 무르익어 좀더 명확해지
고 강해지고 통합되었기를 바란다.

니체는 오랫동안 선악의 기원에 관한 문제에 관심을
가져왔다며, 열세 살 무렵에 있었던 최초의 철학적 시도를
떠올린다. 당시에 악의 기원에 몰두하다가 신에게 도달하자
신을 악의 아버지로 만들었다는 것. 그토록 어린 나이에 형

이상학적인 설명들을 불신하기 시작한 그는 '이 세계의 배후가 아닌' 바로 이 지구상에서 일어나는 현실적인 현상들에 대해 합당한 설명들을 모색하기 시작했다. 다시 말해, 인간이 어떤 조건 아래에서 선악의 개념을 생각해냈는지 묻기 시작했고, 그 선악에 대한 '가치 판단들'이 과연 어떤 '가치'가 있는지를 곰곰이 생각했다. 과연 선악의 개념들이 인간의 성장을 촉진했을까, 아니면 저해했을까?

니체의 관심은 결코 도덕의 기원에 관한 순수학문적 질문을 던지는 것에 국한되지 않는다. 니체가 이 같은 질문을 제기한 이유는 도덕의 가치를 제대로 이해하려는 수단으로서의 가치 때문이다. 도덕의 가치를 이해하려면 도덕적 명령들을 그저 논박의 여지가 없는 진실로만 받아들일 것이 아니라, 그것들이 인간들 사이에서 어떻게 창출되었는지를 이해해야 한다. 우리는 지금까지 으레 '선량한 사람'이 '악한 사람'보다 낫다고 추단해 왔다. 그러나 니체는 우리가 '선'이라고 부르는 것이 실제로는 '위험'일 수 있고, '현재'는 그 위험을 기반으로 '미래'를 희생시키면서 번영을 구가한다고 암시하는 듯하다. 어쩌면 이른바 '악'이란 것이 궁극적으로는 인간들에게 '선'보다 더 커다란 혜택을 가져다줄지도 모를 일이다.

니체는 우리가 도덕을 영원불변의 절대적인 것이라기보다는 인간이란 종족처럼 결코 오류로부터 자유롭지 않은 우연이 종종 개입될 수 있는 진화의 산물이라는 사실을 간파해 좀더 폭넓은 관점을 갖게 되기를 바란다. 도덕을 인간 희극의 일부로서 즐겁게 대할 수 있을 때, 우리는 진정으로 우리의 품격을 고양시키게 될 것이다.

니체는 이 책이 이해하기 어렵거나 귀에 거슬릴 수도 있다고 경고한다. 독자들이 이미 자신의 초기 저작들을 사려 깊게 읽었다는 사실을 전제로 글을 써내려가지만, 이전 저서들 역시 쉽지 않기 때문이라는 것. 니체에 따르면, 정독(精讀)은 당대의 독자들이 결여한 독서 기술이다. 니체는 이러한 기술을 제대로 익히고 자기 저서들을 읽을 수 있게 되려면 훨씬 더 주의를 기울여 소처럼 '되새김질'을 해야 할 것이라고 말한다.

· 풀어보기

미셸 푸코는 논문 "니체, 계보학, 역사 Nietzsche, Genealogy, History"에서 니체가 도덕의 기원들에 대해 몇 가지 다른 독일어를 사용해서 몇 가지 다른 방법으로 말하고 있다고 지적한다. 한편, 니체는 도덕의 기원에 대한 기존 개념을 출발점이자 문제의 본질이 발견되는 순간으로 포착하고 진격해 들어간다. 왜냐하면, 도덕 개념은 그 기원이 존재한 연후에야 비로소 지금 상태로까지 진화했거나 퇴화했을 것이기 때문이다. 그 기원은 우리가 흔히 아담과 이브, 그리고 에덴동산으로부터의 추방 이야기에서 찾을 수 있는 종류일지 모른다. 즉 인류가 마치 신과 같은 완벽한 상태에서 생활을 시작한, 시간상으로도 현재의 우리와 절대적인 거리를 두고 있는 기원에 관한 이야기. 신의 은총을 받고 살아가던 아담과 이브의 타락에 관한 이야기 속에서 우리는 인간 본성의 본질이 원죄(原罪)에 근거한 것으로 바라보는 기독교적 해명을 발견하기도 한다. 이렇게 아담과 이브의 이야기는 도덕의 기원을 특별한 시점에서 창조된 것이자 완벽한 신으로부터 전해져 내려오는 칙령으로 간주한다. 이렇게 기독교에서 말하는 도덕은 점진적인 변화 과정으로서의 계보는 없고 오직 느닷없는 '기원'만 존재한다. 니체가 불과 열세 살에 간파한 그 도덕은 '신'을 '도덕의 근원'으로 단정한 것이다.

　니체는 도덕의 기원을 '초월세계나 배후세계'에서 찾는 어리석은 행동을 곧 포기했다고 말한다. 도덕의 기원을 (성경에서 말하는) 신에 의해 이루어진 갑작스럽고 의도적인 '사건'이 아니라 인류 역사와 더불어 진행되는 하나의 과정으로 바라보게 되었다는 것. 도덕의 기원을 신에게서 구하려는 태도는 배후세계를 살펴답시고 역사적이나 인류학적인 연구를 통해 발견할 수도 있는 사실적인 정보로부터 옆걸음질 치는 것과 매한가지다. 따라서 도덕의 기원을 아담과 이브의 이야기 대신 다윈의 진화론에서 찾아볼 수도 있다. 다윈은 인간의 기원을 절대적이고도 본질적인 '신의 창조'가 아니라 초기의 영장류까지 거슬러 올라가는 진화 과정 속에서 발견한다. 이러한 인간의 진화처럼 우리는 도덕의 진화를 어떠한 추진의 근거나 궁극적인 목표를 갖고 있지 않은 우연과 오류에 의해 결정되는 점진적인 과정으로 파악할 수 있을지도 모를 일이다.

만약 우리가 도덕을 인간의 진화 과정과 같은 방식으로 바라본다면, 기존의 성스러움은 더 이상 존재하지 않는다. 우리가 '선'이라고 부르는 것은 어쩌면 절대적인 행동규율이 아니라 인간 사회에서 진행되는 일련의 우연한 발달 과정들을 통해 인간들이 점차 동의하고 승인해서 생겨난 결과물일지 모른다. 이러한 관점에서라면 도덕은 더 이상 신성하지 않고, 우리가 자유로이 의심하고 비판할 수 있는 대상으로 전락한다. 우리가 소위 '선'이 실제로도 우리에게 좋은 것이라는 기존의 신성한 보증을 간직하지만 않는다면, 도덕의 가치에 대한 의심은 의미 있고 타당하다.

이어 니체는 도덕에 대한 비판에 착수해 도덕의 가치를 캐묻는다. 이러한 태도는 꼼꼼한 학식뿐만 아니라 주의 깊은 자기성찰도 요구한다. 만약 우리의 판단과 결정들이 하나의 도덕률에 얽매여 있다면, 우리가 어떻게 그 도덕률을 의심하고 그 범주를 벗어날 수 있단 말인가? 철학자들이 일반적으로 자아의 정체성을 파악하기 위해 이제껏 엉뚱하게 바깥만 쳐다보았다고 지적하는 니체의 초두 언급은 바로 이러한 문제점들을 분명히 강조한다. 니체에게 그 연구의 난점이라면 전면적인 새로운 연구 방법이 필요하다는 점이다. 그 방법은 일종의 회의주의*로서, 심지어는 니체가 연구의 근거로 설정한 가치들마저 의심하게 만들어버린다.

그와 동시에 니체는 모든 종류의 도덕적 기준들에 대한 총체적 포기(근대적 질환으로서의 '허무주의')는 위험을 초래할 수 있다는 점을 깨닫는다. 도덕의 계보에 대한 적절한 이해를 통해 표현되는 니체의 희망은 인간들에게 도덕을 아예 없애버리도록 종용하는 것이 아니라 인간들이 도덕 위로 솟아나 도덕을 즐겁게 바라보도록 하는 것이다. 니체는 다른 작품들에서 이렇게 즐거운 통찰 태도를 달인 또는 초인과 동일시한다.

---

* **회의주의**(懷疑主義, skepticism): 여러 영역에서 주장하는 지식에 대해 의심을 품는 철학적 태도. 회의주의자들은 이런 주장이 어떤 기초에 입각하고 있으며 실제로 무엇을 확립하는지 물음으로써 그 주장의 적합성이나 신뢰성에 도전했고, 고대부터 독단적인 철학자·과학자·신학자의 주장을 비판하는 논증을 전개하면서 여러 철학 문제와 그 해결책 형성에 중요한 역할을 했다.

Sections 1-9

: 요점정리

니체는 먼저 도덕의 발생사를 해명하고자 시도했던 영국의 심리학자들에 대해 불만을 토로한다. 그들은 자칭 도덕의 역사가들이라고 주장하지만, 니체가 보기에는 철저하게 역사정신을 결여하고 있다. 그들의 이론에 따르면, 원래는 타인들의 비이기적인 행동들로 인해 이익을 얻는 사람들이 그 같은 행위들을 칭송하며 '좋다'고 부른다. 즉 좋은 것과 유용한 것을 애초부터 하나이자 같은 것으로 여겼다는 것. 이들 영국의 도덕계보학자들은 우리 인간들이 시간이 흐르면서 점차 이 같은 칭송의 기원을 망각하고 습관적으로 비이기적인 행동을 '좋다'고 부르다가 그 자체나 본질도 어쨌든 '좋다'고 결론짓게 되었다고 말한다.

니체는 '좋다'라는 판단은 '좋음'을 받은 사람들 입장에서 내린 것이 아니라며, 이러한 설명에 반대한다. 오히려 '좋다'란 용어를 정의했던 자들은 '좋은 인간들 자신'—

고귀한 자, 강한 자, 높은 뜻을 지닌 자, 등—이었다. 그들은 자신들과 자기보다 열등한 자들—보통 사람, 가난한 자, 약한 자—을 대비하게 되면서 스스로를 선하다고 여기게 되었고, 어휘들에 대한 지배력, 즉 무엇이 '좋다'이고 무엇이 '나쁘다'라고 명명할지를 결정할 수 있는 권리까지 가지게 되었다.

니체는 자신의 주장을 옹호하고자 '나쁜', 그리고 '평범한'과 '단순한'에 해당하는 독일어들 사이에 나타나는 유사성을 언급하고, 이와는 대조적으로 대부분의 언어들에서 '좋음'은 '강한 자' 혹은 '주인들' 또는 '부자'에 해당하는 낱말들과 동일한 어원에서 파생되었다는 사실에 주목한다. 또한 그리스어에서는 '좋음'이 '진실한 자', 그리고 다시 주관적으로 전용되어 '성실한 자'와 연결되는 것에 주목한다. 그렇다면, 어원적으로 살펴볼 때, 하층의 가난한 평민들은 거짓말이나 해대는 위선자나 비겁한 겁쟁이들과 관련이 있다는 결론이 도출될 수 있다. 니체는 또한 '어두운'과 '검은'이란 어휘들이 부정적인 용어들로 쓰이는 까닭은 금발의 아리아 정복자들에 의해 지배당하게 된 검은 머리의 유럽 민족들에서 유래한다고 암시하기도 하고, '좋음', 그리고 '전쟁'과 '호전적인'이란 말의 관련성에도 주목한다.

이어 니체는 성직자 계급이 정치적 우위를 차지했을 때 생겨난 언어 변화를 고찰한다. 처음에는 신분적으로 대립되던 '순수한'과 '불순한'이란 의미가 나중에는 신분과 무관한 '좋은'과 '나쁜'으로 발전해간다. 애초에 '순수함'은 단순히 몸을 씻고, 피부병을 일으킬 음식을 기피하고, 낮은 계층의 더러운 여자들과 잠을 자지 않고, 피를 혐오하는 등, 많은 습관들의 포기를 통해 이루어졌다. 그로 인해 성직자들에게는 오만, 복수, 사랑, 덕, 질병 등, 세상의 모든 것들이 훨씬 더 위험해졌다. 골똘한 생각과 감정적 폭발 사이를 오락가락하면서 그 의지들이 훨씬 더 강하고 격심해지는 것. 그러나 니체에 의하면, 세상에는 성직자들이 더불어 존재해야 인간 일반이 흥미로워지고, 비로소 인간의 영혼은 동물들과 구별되는 속성—좀더 높은 의미에서의 깊이를 얻고 사악해지는 것—들을 지니게 된다.

비록 성직자들의 가치평가 방식은 기사적·귀족적 가치평가 방식으로부터 생겨났지만, 서로 대립하면서 가장 혐오스러운 적이 된다. 성직자들은 무력하기 때문에 거기에서 태어나는 증오는 귀족들에 의해 찬양된 그 어떠한 호전적 덕목들보다 강력해진다. 세계사를 보면, 거대한 증오자들은 성직자였으며, 가장 정신이 풍요로운 증오자 역시 그들이었다. 니체는 가장 세련된 성직자다운 집단의 본보기로 유대인을 꼽는다. 인류 역사상 가장 세련된 혐오자들이기 때문이다. 유대인들은 도덕적 가치평가에서 용케도 자신들만의 완벽한 전복(顚覆)을 이루어냈다. 자신들, 가난한 자, 비천한 자, 무력한 자들을 '선'과 연관시키면서 동시에 탐욕자, 권력자, 고귀한 자, 무신론자들을 영원히 저주받아 마땅한 '악한' 자들로 규정해 놓았기 때문이다.

유대인들에 의한 이 같은 가치의 재평가, 즉 가치전도 현상은 너무나 오랜 세월에 걸쳐 서서히 진행되어 왔기 때문에 그다지 세인들의 주목을 받지 않았다. 가치 재평가의 정점은 기독교의 발전이라는 왕관으로 장식되었고, 이처럼 불타는 증오심에 의해 창조된 것이 다름 아닌 기독교적 사랑이었다. 니체는 예수를 이러한 유대인의 이상을 궁극적으로 구현한 인물로, 그리고 십자가 위의 죽음을 최후의 미끼로 여긴다. 유대인의 모든 적대자들은 어쩌면 유대인에 반대하는 예수를 편들면서 예수의 도덕률과 유대-기독교적 도덕률(성경의 구약과 신약)을 받아들이게 되었는지 모른다. 기독교의 도래와 성공에 힘입어 도덕규율의 전도는 한층 더 완벽해졌다. 한때는 '좋은'이었던 것이 '악'으로, '나쁜'이었던 것이 '선'으로 둔갑한 것.

:풀어보기

이 부분은 니체가 다른 장에서 주인 도덕과 노예 도덕이라고 부르는 것 사이의 대조를 분명하게 다루고 있다. 주인 도덕이란 자신과 자신의 행위를 '좋은' 것이라고 여기는 주인들, 귀족들, 전사들의 도덕을 말한다. 따라서 그들은 힘, 권력, 건강, 부, 행복은 모두 '좋다'고 여기고, 자신들과 가난하고 건강하지 않고 나약하고 무능한 자들 사이에서 니체가 말하는 '거리의 파토스*'를 감지한다. 그리고 이처럼 주인이 하층민에게 갖는 지속적이고 지배적인 감정이야말로 주인 도덕을 정의하는 '좋음'과 '나쁨'의 대립을 낳은 기원이다.

한편, 주인 도덕에 반대하는 자들은 노예 도덕을 발전시킨다. 이 부분에서 니체는 노예 도덕을 성직자 계급의 도덕성과 동일시하지만, 다른 부분에서는 평민이나 노예의 것과 동일시한다. 노예 도덕을 섬기는 가난한 자들, 약한 자들, 무능한 자들은 주인들의 권력과 건강을 증오하고 분개하게 되며, 주인들은 '나쁜' 데 비해 자신들은 '좋다'고 명명한다. 이처럼 노예 도덕은 '좋음'과 '나쁨'의 대비가 특징이다.

이토록 짧은 요약은 지나치게 단순하지만 그나마 일부 용어들의 의미를 명료하게 밝히려는 의도다. 다음 절들에서 이어질 설명들이 이처럼 조악했던 정의들을 한층 세련되게 가다듬어준다. 주인 도덕과 노예 도덕의 대비는 가장 잘 알려져 있는 니체 사상의 측면들 가운데 하나이면서도 오도

---

* **거리의 파토스**(pathos of distance): 강한 것과 약한 것, 위대함과 비천함, 고귀함과 저급함 등에 따라 인간을 두 유형으로 나눌 때, 전자가 후자에게 자신을 낮추는 것이 아니라 후자와 거리를 두면서 자신을 지켜나가려고 하는 정념(pathos).

되기가 쉽다. 순진하게도 니체가 이 같은 대비를 설정한 까닭이 건전한 주인 도덕을 장려하고 당대(그리고 우리 시대)를 지배하는 유대-기독교적인 노예 도덕을 폄하하기 위해서라고 생각하기 쉽다. 또한 니체의 글을 세심하게 읽지 않고 그를 반유대주의자라거나 아리안 '주인' 종족들을 부추겨 유대인의 노예 도덕을 말살시키려는 나치주의자라고 오해하기도 했다. 그러나 이것은 모두가 니체에 대한 몰이해에서 비롯된 것임을 명심해야 한다.

우선, 니체가 영국 심리학자들의 역사정신이 결여되어 있다고 진술한 부분부터 시작해 보자. 당대의 영국 도덕철학은 공리주의*의 지배를 받고 있었기 때문에 이들은 도덕의 역사 전체를 효용성이란 관점에서만 해석했다. 그들의 사고방식 속에서는 '선'과 '효용성'은 본래부터 하나였다. 니체가 그들의 역사의식 결여에 실망할 수밖에 없었던 이유는 그들이 당대의 도덕적 편견으로부터 벗어나지 못했고, 역사를 그 관점에서 바라본다는 것이었다. 이러한 통찰력의 결여는 역사를 연구할 때는 문제의 소지를 남길 뿐이지만, 도덕 자체의 역사를 해석하려고 할 때는 재난을 초래

---

* **공리주의**(功利主義. utilitarianism): 18세기말과 19세기의 영국 철학자이자 경제학자 제레미 벤덤과 존 스튜어트 밀에서 비롯된 윤리학 전통. 그 근본원리에 따르면, 어떤 행위는 행복을 증진시키는 경향을 가질 때 옳은 행위이고 반대의 경우는 그른 행위다. 여기서의 행복은 행위자의 행복이 아니라 행위의 영향을 받는 모든 사람의 행복.

할 수도 있다.

니체가 장려하는 역사 이해방법은 가능한 한 역사를 도덕적 가치판단들로부터 떼어놓는 것이다. 이 같은 주장은 다음 절에서 니체가 노예 도덕의 원한을 혹독하게 꾸짖는 모습을 보게 되면, 다음 절의 '풀어 보기'에서 한층 더 다듬어져야겠지만 현재의 토론거리로는 충분하다고 할 수 있다. 따라서 이를테면, 니체가 단순히 노예 도덕을 유대인의 증오심에서 탄생했다고 바라본다는 이유만으로 우리는 그가 노예 도덕에 대해 공공연히 반론을 펼치고 있다고 단정해서는 안 된다. 니체에게는 사물이 "이것은 좋고 저것은 나쁘다"로 선별될 만큼 간단한 것은 거의 없기 때문에 결국은 우리가 애당초 소위 좋거나 나쁘다고 해야 하는 것들에 대한 비판을 시도하는 것이다. 니체는 성직자 계급 속에 타오르는 증오심을 형성한 바로 그 강열함이 인간을 '흥미로운' 존재로 만들어준다고 주장하기도 한다. 그것은 우리에게 주인 도덕에서는 발견되지 않는 깊이를 줄 뿐만 아니라 동물들에게서는 전혀 찾아볼 수 없는 악의 개념을 발현시키기도 한다. 대부분 경우, 니체는 주인 도덕을 매우 선호하는 듯하면서도 주인들은 그다지 '흥미로운' 대상이 아니라고 주장하는 것 같다.

차후에 분명히 밝혀지지만, 우리는 니체가 생각하는 전사 귀족을 형성했던 금발의 아리안족과 50년 뒤에 나치를 표방하며 이 용어를 악용해 인종적 우월성을 주장했던 당시의 독일인들과는 아주 다른 종족이란 사실도 인지해야 한다.

그리고 우리는 유대교와 기독교의 관계에 대한 니체의 입장도 분명히 알아야 한다. 독일 대중들 사이에서 유행했던 반유대적 신화에는 '예수와 기독교'가 모든 면에서 유대인들과는 정반대 입장을 담고 있었다. 어느 반유대주의자는 심지어 예수가 유대인이 아니라 아리아인이고, 유대인들 사이에서 태어난 까닭은 당시 유대인들의 타락을 배경으로 해야 그 위대함이 더더욱 분명해지기 때문이라고까지 주장했다. 니체는 당시 독일 내에서의 반유대주의를 반대하면서 예수와 기독교를 유대주의의 정반대가 아니라 가장 세련된 표현으로 해석한다. 유대인의 증오심을 가장 세련되고 우아하게 표현한 것이 바로 기독교적인 사랑이며, 예수는 유대인의 노예 도덕을 가장 세련되게 설교하고 있다는 것. 니체는 유대교에서 발견하는 것을 기독교에서는 훨씬 더 많이 발견한다. '기독교적' 반유대주의자들이 유대주의에 관해 혐오하는 것은 모조리 그들 자신이 믿는 기독교 속에 훨씬 더 많이 존재하고 있다는 것이다.

Sections 10-12

니체는 도덕에서 노예 반란이 발생되는 시기는 원한 자체가 창조적 동력이 되고 가치를 낳게 될 때라고 주장한다. 이 원한은 실질적이거나 행위에 의한 반응을 포기하고 상상적으로만 복수를 하는 스스로 해가 없는 존재라고 여기는 사람들의 그것이다. 노예 도덕은 본질적으로 소극적이고 부정적이며 반동적이기 때문에 '다른 것', '자기가 아닌 것'들을 모두 부정하는 데서 생겨나고, 이처럼 시선이 밖을 향하면서 자신과 대립하거나 자신을 억압하는 적대적인 외부 세력들에 대해 "아니오"라고 말한다. 이렇듯 노예 도덕은 활동하려면 외부의 자극이 필요하다. 반면, 주인 도덕은 외부의 도덕이나 세력 따위에는 거의 신경을 쓰지 않고 자발적으로 행동하고 성장한다. 주인 도덕에서의 '저급한', '나쁜' 등의 개념은 '고귀한', '선한' 같은 긍정적인 개념보다 늦게 태어난 것으로 단지 고귀한 자들의 우월성을 보다 강렬하게 드러내는 대비로서만 인식될 뿐이다.

주인 도덕과 노예 도덕은 모두 진실의 왜곡에 연관될 수 있지만 주인 도덕이 훨씬 더 가볍게 그 일을 해치운다. 니체가 주목하는 사실은 사회의 낮은 계층을 암시하는 거의 모든 고대 그리스 단어들이 '불행한'이란 개념에서 파생되었다는 점이다. 귀족들은 당연히 행복하다고 여겼고, 그들이 하층민들에게 갖는 모종의 경멸과 거리감은 오해에서 비롯되었다. 이와는 대조적으로 원한에 차 있던 하층민들은 자신들이 보는 사실들을 왜곡해서 귀족들을 가능한 한 나쁜 집단으로 몰아붙이고, 그 왜곡을 통해서나마 자신들의 도덕적 정당성에 대해 확신을 얻었다.

귀족은 원한을 품은 사람들의 마음속에 맺히고 쌓여가는 모든 사실들—사건들, 불행들, 적들, 등—을 진지하게 받아들이지 못한다. 원한에 사로잡힌 자들은 분노와 증오가 자라게 하고 인내, 모종의 비밀들, 일련의 계획들에 필연적으로 의존하게 되면서 결국 고귀한 자들보다 영리해진다. 이처럼 끊임없이 분노의 대상을 향한 피지배층들의 사색과 강박관념으로 인해 '열등의식과 분노, 원한이 뒤섞인 감정, 즉 르상티망의 최고 발명품인 '악'이 탄생한다. 이를테면, 원한을 지닌 자는 '나쁜 적', '악한 자'를 생각해내고, 그 근본 개념을 기반으로 그것에 대립하는 '선한 사람', 즉 자신을 생각해낸다. 고귀한 자들은 정반대다. 자기에게서 '좋은'이란 근본 개념을 생각해내고 나중에 '나쁜'이란 개념을 만들어내는 것. 니체는 '악한'이란 개념과 '나쁜'이란 개념이 모두 '좋은'이란 개념의 반의어로 여겨짐에도 불구하고 실제로 얼마나 상이한 뜻을 가지고 있는지 기술한다. 고귀한 자들이 말하는 '좋은'은 원한을 지닌 자들이 말하는 '악한'의 의미라는 것.

귀족들은 같은 부류를 접하게 되면 감정을 자제하며 공손하지만, (신분이 낮은) 낯선 부류를 접하게 되면 마치 고삐 풀린 맹수처럼 돌변한다. 이른바 니체의 명명대로 '금발의 야수'가 되어버리는 것. 'blonde(금발의)'는 머리 색깔만 의미하는 것은 아니라고 생각된다. 바이킹족과 고트족은 물론, 아랍 귀족과 일본 귀족에게도 그 호칭을 사용하고 있기 때문이다. '야만인'이란 명칭은 종종 고귀한 자들이 때때로 분출하는 폭력성과 연관이 있다. 고귀한 자들이란 바로 그들이 지나간 모든 자취에 '야만인'이란 개념을 남겨 놓은 자들인 것이다.

당대의 지성들은 '금발의 야수들'로부터 오늘날의 인류로 이어지는 일종의 진보와 순화가 있었다고 주장하려고 들지만, 니체는 강력히 반대한다. 노예 도덕을 선호해서 주인 도덕을 뒤집는 행위는 하등 자랑할 만한 일이 못 된다. 이들 야만인들은 이방의 것과 접하는 곳에서는 두려운 존재였을지 모르지만, 자긍심마저 내보인다. 오늘날의 르상티망 세계는 그 어느 쪽도 아니며, 단지 평범하고 어중간

할 뿐이다. 니체는 자신이 혐오하는 당시 사회의 허무주의를 인류에 대한 피곤함이라고 규정한다. 우리는 인간에 대한 공포와 더불어 인간에 대한 사랑, 경외심, 희망, 긍정마저 잃어버렸다. 니체가 우려하는 점은 노예 도덕이 인간을 무미건조하고 무료하게 만들어왔다는 사실이다.

:·풀어보기

니체의 저서에는 르상티망이란 주요 개념이 빈번하게 나타난다. 이 프랑스 어휘는 영어 'resentment(원한, 분개, 적대감)'와 거의 비슷하다. 니체가 이 단어를 사용하는 까닭은 ressentiment에 해당하는 독일어가 없었기 때문이다. 이것은 니체의 노예 도덕의 배후에 놓인 핵심적인 창조력이다.

우리는 이러한 노예들의 원한을 주인들이 노예에게 느끼는 경멸감과 대비시키면 더 잘 이해할 수 있을지 모른다. 니체의 관점에서, 주인 도덕의 '나쁜' 측면은 노예들이 자신들을 그다지 배려하지 않는 주인들에 대해 생각해낸 말이다. 그들은 경멸적인 태도로 노예들을 함부로 하대하고, 사색 과정은 자신들에게만 급급할 뿐 좀처럼 타인에 대한 배려로 이어지지 못한다. 이와는 대조적으로 노예들이 주인들에게 품는 적개심은 마음을 좀먹는 격정으로 편견을 갖게 하고 분개하도록 만들며, 주인들의 일시적인 경멸과 달리 노예들의 정력과 관심을 불러일으키는 근원적인 핵이다.

어떤 의미에서는 고귀한 인간(주인 계급)의 삶이 노예의 삶보다 훨씬 간단명료하다. 귀족에게는 그 무엇도 지나치게 오랫동안 머무르는 법이 없다. 당황스러운 일을 겪게 되면 자연스레 흘려버리고, 행복하다면, 그것은 현재의 행복이다. 이처럼 고귀한 인간은 바로 현재 속에서 살아간다.

이와는 대조적으로 원한을 품은 인간은 마음속에서 여러 복잡한 상황들이 쌓여가도록 내버려둔다. 자신에게 불리한 손상(損傷)들은 분노의 적개심으로 서서히 자리 잡고, 기나긴 사색 과정들을 통해 행복을 축조한다. 현재로서는 자신의 권력이 외부로 표출될 만큼 충분하지 않기 때문에 고귀한 인간들과는 달리 우선 침착하게 미래에 대한 희망을 잃지 않고 정신적인 현명함을 갖춰나간다. 니체에 따르면, 이러한 모든 생각과 증오심들은 '악'의 개념을 창안하고 고귀한 인간들을 '악'한 인간으로 상징화하는 과정에서 정점을 이룬다.

니체의 노예 도덕 비판은 그것이 증오, 부정(否定), 현실 회피에서 생겨났다는 사실에 주로 근거한다. 노예들의 희망은 약속받은 내세에 존재하고, 관심의 초점은 자신들을 노예라고는 거의 생각하지 않는 사람들에 관한 것이다. 노예로서의 자아 확립이나 현실에 대한 강조는 전무하다는 것.

그 결과, 노예 도덕에 감염된 당대의 유럽은 점차 무미건조하고 무료해져서 유럽 자체의 정체성 확립과 현 상태를 위한 모든 야망을 포기해 버렸다.

앞 절에서는 니체 자신이 도덕적 가치평가를 내리지 않겠다고 했으면서도 여기서는 노예 도덕을 매우 가혹하게 몰아붙이고 있다. 니체가 도덕 체계에 대해 실제로 가치판단을 내리고 있는 동안에도 구체적으로 선호하는 특정 도덕의 체계적 관점에 입각한 것은 아니라고 유추할 수 있다. 그의 판단은 개인적 선호도에 따른 자의적 가치들보다는 상이한 도덕 체계에 의해 형성된 유형적 인간들의 관점에 근거한 것이다. 니체가 노예 도덕을 폄하하는 까닭은 삶의 가치들을 저하시키는 방식 때문이다. 노예 도덕의 골자인 '원한'은 우리의 관심을 자신의 내부와 현실로부터 이탈시키기 때문에 우리의 창의력이 저하되고, 주장의 단호함은 약해지며, 동기(動機)마저 줄어든다. 노예 도덕은 더 이상 자기 계발에 내몰리지 않는 사람들을 만들어내는 것이다.

발터 카우프만*은 니체가 노예 도덕을 경시하는 이유가 주인 도덕(금발의 야수―살상을 일삼는 야만인들의 도덕)을 옹호하기 때문이라는 항간의 주장을 강력하게 부인

---

* **발터 카우프만**(Walter Kaufmann, 1921-80): 미국 철학자, 번역가, 시인. 죽음, 철학, 유신론, 무신론, 기독교, 유대교, 문학 등, 광범위한 분야에 걸쳐 많은 글을 썼다. 특히 니체 연구와 번역으로 유명함.

한다. 니체가 당대의 유럽인들보다는 야만인들을 선호한다는 사실은 분명해 보이지만, 그의 다른 저작들에 의하면 그의 도덕적 이상들이 주인 도덕과도 상당히 동떨어져 있음을 알 수 있다. 니체가 주인 도덕에조차 동조하지 않는다는 사실은 그가 어떠한 유형의 도덕 체계와도 의견을 같이하지 않다는 주장과 마찬가지다. 우리는 니체가 후기 저작들 속에서 세련되게 행동하려는 동인(動因), 자제력에 대한 동인, 그리고 자신의 행동을 정립하려는 의지를 얼마나 중시하는지 알 수 있다. 주인 도덕은 원한을 품고 있지 않다는 점에서는 노예 도덕보다 살아가기에 좋지만, 니체의 도덕적 이상에 적합한 행동원칙이나 자제력이 결여되어 있다. 예를 들면, 니체는 원한을 품은 인간이 '귀족'보다 더 영리하게 살아간다고 넌지시 언급한다. 말인즉슨 '귀족'이 완벽한 인간이 아니라거나 또는 '영리함'이 일종의 인간적 약점이라고 생각하는 것.

우리는 니체의 분석에 대해 간략한 비판을 해야 할지 모른다. 어쩌면 그는 자신이 좋아하는 논증법에 조금 지나치게 몸을 내맡긴 것 같지만, (일반적으로) 주인 도덕과 노예 도덕으로 구분한 이분법은 다소 단순해 보인다. 만약 노예 도덕이 주인들을 향한 원한에 근거하고 전 세계가 노예 도덕에 굴복했다면, 도대체 우리가 화를 내는 대상인 주인은 누구란 말인가? 주인과 노예라는 이분법은 논리적으로는 매우 편리한 대립구조지만, 세상이 그토록 단순하고 확연하게 구분될 가능성은 매우 희박하다. 주인들과 노예들 사이에는 다른 유형의 인간군도 존재할 수 있기 때문이다. 〈선과 악을 넘어서〉에서는 좀더 신중해진 니체가 '최대의 영향력을 가진 노예 도덕'과 근대 세계의 칭찬받을 만한 예외적 현상들이 모두 (본능적) 추진력과 (이상적) 가치가 혼합되어 생겨나는 것이라고 설명한다.

Sections 13-17

13절은 니체를 이해하는 데 매우 복잡하고 심오하며 중요하기까지 하다. 그 핵심은 '좋음'이란 개념의 기원이 원한에서 탄생했다는 것을 보여주기 위해 새끼 양들과 맹금류들을 대비시키는 점에서 선명하게 드러난다. 새끼 양들이 그들을 죽이거나 채가는 맹금류들을 악하다고 여기는 것은 당연하다. 여기서 새끼 양들은 자연스럽게 맹금류와는 반대인 모든 것들―예를 들면, 새끼 양 자신들―을 선하다고 여기게 된다.

니체는 위의 결론들은 이해할 만하지만, 양을 잡아먹는 맹금류를 비난하기 위한 주장은 될 수 없다고 말한다. 만약 우리가 맹금류에게 살상하지 말라고 타이른다면, 새끼 양들에게 살상하라고 말하는 것만큼이나 어리석고 불합리하다는 것. 죽임이란 힘의 표현이다. 그러나 인간의 언어에서 빚어진 오해로 인해 우리는 맹금류의 살상 행위를 힘의 단적인 표현과는 전혀 다른 것으로 간주한다.

니체는 논점을 분명히 하고자 "번개가 번쩍거린다"는 문장을 예로 든다. 문법을 통해 우리는 주어인 '번개'와 서술어인 '번쩍임'을 간파하지만, 만약 번쩍임이 없는 상황이라면, 번개의 실체는 도대체 무엇인가? 니체의 주장에 따르면, 문법이란 기껏해야 주어와 술어의 입장에서 행위를 분석하도록 도와줄 뿐이다. "실제로 행위자는 단순히 행위에 가미된 허구일 뿐이고, 행위야말로 가장 중요한 전부다."

문법으로 인해 우리 인간은 맹금류를 힘의 표현이 핵심인 새가 아니라 다른 의미를 가진 날짐승으로 받아들이게 된다. 맹금류가 살상 행위와 비살상 행위를 자유로이 선택할 수 있는 날짐승인 양 착각하게 되는 것. 그러나 니체는 맹금류란 곧 힘이고, 그 힘이란 곧 죽이는 행위라고 주장한다. 양들의 도덕에 따라 맹금류가 살상을 했다는 이유로 그 어떤 도덕적 책임을 진다는 것은 어불성설이다. 그것은 마치 존재한다는 이유만으로 비난하는 것과 매한가지다.

노예 도덕이 선의 개념, 즉 생명체를 죽이지 않으면서 타인의 감정을 훼손하지 않는 행위를 칭송하면, 본질적으로는 아무런 손상을 가할 수 없는 약골들을 찬양하는 셈이 된다. 그렇게 되면, 무능력에 기인하는 무위(無爲)를 장점과 미덕을 지닌 적극적인 행위라고 칭찬하는 꼴이자, 노예들이 악행과 고난을 견뎌내며 복수는 신에게 맡겨두는 형상이다. 노예 도덕은 한 가지 주제인 영혼에 대한 신뢰에 기반을 두고 있다. 영혼이란 개념은 행위로부터 독립되어 있기 때문에 그 영혼에 대한 믿음을 빌미로 자신들의 나약함을 자유라고 주장하며, 그 부작위(不作爲)를 미덕이라고 해석하는 것이다.

14절은 지나칠 정도로 노예 도덕을 신랄하게 비난한다. 노예 도덕이란 증오와 투덜거림으로 가득 찬 냄새나는 땀구멍 속에서 형성된 저열한 도덕이라는 것. 폄하의 절정은 "정의(正義)란 노예 도덕이 창안해낸 개념에 불과하다"는 주장이다. 노예 도덕은 주인이나 지배자들이 뻔뻔스럽게 이 도덕적 이상인 정의를 무시하고 있다고 주장하고, 부정의에 대한 보복을 추구하지 않으면서 정의를 복원시켜줄 '신의 심판'을 기다린다.

15절은 초창기 기독교 저작들의 문헌상 증거들, 특히 터툴리안*을 내세워 증오와 원한의 감정이 기독교적 사랑과 함께 버젓이 통용되고 있다는 것을 보여준다. 이러한 저술가들은 엄청난 정력을 쏟아 천국에서 영접 받지 못하는 소위 기독교적 '죄인'들에 대해 상상 가능한 온갖 고문들을 창안해냈으며, 공포와 두려움에 휩싸인 대중들을 엿보며 은근히 즐겼다.

---

* **터툴리안**(Tertullian. 150?-212?): 라틴 신학의 교부. 삼위일체설 주장. 오리겐(Origen)과 더불어 2, 3세기의 가장 뛰어난 기독교 저술가로 손꼽힌다.

니체의 결론은 '선과 악'이나 '좋음'과 '나쁨'의 대립이 지상에서 수천 년간 무서운 싸움을 펼쳐왔고, 원한에 기인한 선과 악, 즉 노예 도덕이 의심의 여지없이 최고위를 차지한다는 주장이다. 노예 도덕이 곧 지배 도덕이라는 것. 그러나 니체는 권좌에서 추방된 채 버려진 주인 도덕이 되살아날 것인지 아닌지를 되묻는다. 이 질문은 어쩌면 주인 도덕이 재부상할 경우, 우리 인간들이 전심전력을 기울여 주인 도덕을 원할지도 모른다는 암시이기도 하다.

:풀어보기

니체에 따르면, 언어의 가장 위대한 속임수 가운데 하나가 주어-서술어의 문법 구조다. 모든 문장은 주어와 서술어로 나뉘기 때문에 우리는 당연히 행위자(주어)와 행위(서술어)가 존재하며 두 요소는 분리할 수 있다고 믿게 된다. 그 결과, 죽이는 행위를 맹금류와는 동떨어진 무엇, 그것이 하는 무엇으로 생각하게 되면서 인간의 두뇌 속에 맹금류라는 개념은 기형적으로 인식되기에 이른다. 니체는 위의 예처럼 문법은 마치 번쩍임(서술어)이 번개(주어)와 전혀 별개인 무엇, 그저 번개가 하는 무엇인 양 암시한다고 지적한다. 다시 말해 번개는 번쩍임의 여부를 선택할 수 있으며 다른 동작도 가능하다는 오류를 품고 있는 것. 사실상 번쩍임 없는 번개란 존재하지 않듯, 살상 행위와 무관한 맹금류 역시 존재할 수 없다.

이러한 주장은 단순히 살상 행위가 맹금류의 본성에 속한다거나 맹금류와 살상 행위는 필요불가분의 관계여서 "만약 살상하지 않으면 맹금류가 아니다"는 말은 아니다. 니체의 형이상학적인 논의 세계에는 통상적인 이성적 지혜가 인식하는 것과 같은 맹금류 따위는 존재하지 않는다. 질 들뢰즈*는 니체의 이러한 형이상학적 논의들을 "무력을 제외하고는 아무것도 존재할 수 없다"는 암시로 해석한다. 물리적인 힘이 존재의 관건이라고 보는 것. 우리는 어쩌면 명사와 주어들은 단순히 문법상의 편의일 뿐이고 동사만 참으로 존재한다고 암시해서 들뢰즈의 분석을 단순화시키는 것인지도 모른다. 우리가 양을 죽이는 맹금류에 대해 이야기하는 동안 거기에는 실제로 상대방에게 작용하는 하나의 힘만 존재한다. 물론, 힘을 명사로 사용하는 것은 실수다. 명사란 하나의 명사를 다른 명사로 대체해 버리면 그만이기 때문이다.

니체의 형이상학적인 논의가 빠르게 기교를 더해감에 따라 주어와 술어의 관점에서 생각하는 데 익숙한 우리는

---

* **질 들뢰즈**(Gilles Deleuze, 1925-95): 프랑스 철학자. 유럽의 2대 지적 전통인 경험론과 관념론의 기초 형태를 비판적으로 해명했다. 철학·문학·영화·예술 분야에서 영향력 있는 저작을 남김. 주요 저서는 〈차이와 반복〉, 〈앙티 오이디푸스〉(F.가타리 공저) 등.

서로에게 가해지는 무력만으로 구성된 또 하나의 세계, 즉 힘만이 지배하는 세계를 상상하기 어려워진다. 이 질문을 너무 깊이 생각할 것이 아니라, 일단 형이상학적인 논의들을 뒷전으로 하고 독자들이 니체의 형이상학적인 논의들이 개인적 정체성과 인식론, 그리고 기타 요소들에 대해 미친 결과들을 추려내고, 니체의 설명이 과연 설득력 있는지, 그 것이 어떻게 입증될 것인지도 함께 자문해 보도록 독려하는 바이다. 이제 이 글에서 니체가 언급하는 도덕철학에 대한 직접적인 결과에 주목해 보기로 하자.

얼핏 보면, 니체는 자유의지를 부인하고 있는 듯하다. 우리가 맹금류에게 책임을 지울 수 없는 이유는 맹금류가 달리 행동할 수 없기 때문이라는 것. 이 해석에 근거하면, 니체의 본질적인 주장은 어느 누구라도 무엇이든 자유롭게 할 수 없고 그 무엇도 책임질 수 없다는 말이 된다. 이 해석은 10퍼센트 정도 사실이다. 맹금류에게 자유의지가 없다는 말은 니체의 입장과는 거의 정반대 주장이다. 오히려 니체는 자유의지로부터 독립한 맹금류는 없다고 주장한다. 맹금류가 자유의지를 '가지고 있다'는 말은 다시 한 번 주어-술어 관계의 오류를 범하는 꼴이다. 의지란 무언가가 '가지는' '것'이 아니라 주체의 본질적인 구성요소다. 맹금류의 존재가 곧 맹금류의 의지요, 그 의지가 양의 죽음을 의도하는 것이다. 양을 죽이지 않으려면 다른 의지, 즉 전혀 다른 생명체가 되어야 한다. 만약 우리가 (주관적인 입장에 치우쳐) 맹금류가 양을 죽이지 말았어야 했다고 말한다면, 결국 "맹금류가 차라리 다른 동물(다른 의지)이었으면 좋았을 텐데"라고 말하는 꼴이 되고 만다.

우리들 가운데 어느 누구도 자신의 행동을 책임질 수 없다고 가정한다면, 그 주장은 10퍼센트 정도만 타당성이 있었다. 니체에 따르면, 우리는 최소한 현행법과 도덕이 우리에게 책임지우는 의미에서라면 자신의 행동을 책임질 수 없다. 우리도 익히 알듯, 니체는 정의란 힘없는 자들이 만들어낸 말이라고 주장한다. 약자들은 직접 복수의 칼날을 들이댈 수 없고 자신들의 입장이 옳다고 피력하지도 못하기 때문에 비록 지상세계가 아니면 기필코 천상세계에서라도 자신들이 옳다는 사실을 입증할 '정의(正義)'라는 추상적 개념을 만들어낸다는 것. 니체에 따르면, 우리는 고차원적인 정의의 이상에 대해서까지 석명할 의무는 없지만, 자신들에 대해서는 책임지고 설명할 수 있고, 만약 우리가 유능하다면, 다른 고차원적인 도덕적 이상들보다 더 자신들의 행위에 대해 훨씬 가혹한 판관들이 될 것이다. 따라서 니체는 돈 때문에 살인을 저지른 자는 어떤 외부적 도덕규율을 위반한 것이 아니라, 스스로를 돈에 종속되도록 함으로써 나약한 의지를 가진 천박한 존재임을 입증하는 것이나 마찬가지라고 본다.

    이 단원의 '요점 정리'와 '풀어 보기'는 니체의 사상을
제대로 이해하기가 얼마나 어려운지를 잘 보여준다. 우리
는 아직도 많은 문제에 봉착해 있다. 도대체 어떤 기준으로
니체는 살인자를 '나약한 의지를 가진 천박한 존재'라고 판
단하는가? 우리 인간이 의지만으로 이루어진 생명체라고
주장하면서도 약한 의지를 가졌다는 말은 또 무슨 의미인
가? 그리고 카우프만이 그토록 확고하게 "니체는 주인 도
덕의 옹호자가 아니다"라고 고집한다면, 과연 그가 어떻게
주인 도덕이 (언젠가는) 노예 도덕에게 돌아와서 결투를 신
청한다는 니체의 맺음말을 제대로 해석해내겠는가? 이러한
질문들은 단지 독자들의 가슴 속에 앙금처럼 남아 있는 몇
가지 의혹에 불과하다. 이어지는 '풀어 보기'에서는 니체의
주장에 대한 가능성 있는 대답들을 향해 나아갈 것이다.

Sections 1-7

· 요점정리

니체는 두 번째 논문을 시작하면서 우선, '약속할 수 있는 능력의 중요성'을 검토한다. 약속을 지켜내려면, 어떤 사건을 망각하지 않으려는 의지인 강한 기억력과 미래와 미래에 약속을 지켜내는 능력에 대한 확신이 모두 필요하다. 이 확신은 일정 수준에서 우리 인간이 스스로 규칙적이고 예측할 수 있는 존재가 될 것을 요구한다. 그리고 한 민족이 예측할 수 있게 되려면, 그들의 행동을 지배하는 공통의 법률이나 관습 체계를 공유해야 한다.

이렇게 사회와 도덕에 힘입어 우리는 예측할 수 있는 존재가 되고, 그것으로 인해 우리는 다시 약속할 수 있는 존재가 된다. 이 복잡한 과정을 통해 최종적으로 사회적인 관습, 도덕, 법규범 따위에 얽매이지 않는 자율적이고 초윤리적인 개체, 즉 약속할 수 있는 자유의지를 지닌 '주권적 개인'이 나타난다. 그 주권적 개인은 자신의 미래에 관한 주장들을 자유롭게 펼칠 엄청난 책임감에 직면하고, 그 책임감을 우리는 '양심(良心)'이라고 부른다.

이어 니체는 죄와 '양심의 가책'이란 개념으로 관심을 돌린다. 그는 독일어에서 '죄'와 '채무'의 유사성을 확인하고는 본래 죄는 책임감이나 비도덕성과는 전혀 무관하다고 암시한다. 처벌은 죄를 근거로 주어지는 것이 아니라 단순히 보복으로 이루어졌다. 만약 누군가가 약속을 이행하지 못하거나 채무를 변제하지 못하면, 실망시킨 상대방에게 빚을 진 상태가 되고, 그 채무는 처벌이나 잔혹 행위, 혹은 고문 등을 순순히 수용하면 상계될 수 있었다. 만약 채권자가 돈을 되찾는 기쁨을 누릴 수 없을 때는 채무자를 괴롭히는 즐거움을 누릴 수 있었던 것. 따라서 약속할 수 있는 능력에 요구되는 기억은 이처럼 강렬하게 '각인'되었다. 모든 종류의 잔인함과 처벌로 인해 이후부터는 결코 약속을 잊으면 안 된다는 사실을 전신의 세포에 새겨 넣지 않을 수 없었던 것.

니체는 타인들에게 고통을 주는 행위가 대단한 즐거움으로 여겨졌다고 진술하고, 그것을 채무 불이행을 상계시키는 '축제'라고 부른다. 우리는 이처럼 양심, 죄의식, 책임의 기원들을 잔인무도한 축제 행위 속에서 발견하게 된다. "그 기원들은 소위 지상의 모든 대사건들의 시발(始發)처럼 오랜 세월에 걸쳐 속속들이 피로 물들어 있다."

니체는 과거에는 잔인함이 성대한 축제의 요소를 이루었다는 사실에 주목한다. 현재 우리는 고뇌와 고통을 삶에 반하는 것으로 여기게 되었으나, 저들에게는 고통스럽게 만드는 것이 한때나마 삶의 최대 축복이었다. 니체는 여기서 고통이 사람을 화나게 하는 것은 한편으로는 인간의 모든 본능들, 또 한편으로는 고통 자체가 아닌 고통의 무의미함이라고 주장한다. 그러나 모든 고통을 방관자나 고통을 주는 자의 입장에서 해석할 줄 알았던 고대인이나 고통 속에 은밀한 구원 장치를 집어넣어 해석한 기독교인들에게도 무의미한 고통은 전혀 존재하지 않았다. 고통에는 항상 기쁨과 정당화가 뒤따랐다. 니체의 암시에 따르면, 인간들은 그 어떠한 고통도 주목받지 못한 채로 허무하게 흘러가는 일이 없도록 하기 위해 신들을 만들어 시대와 장소에 구애받지 않고 항상 그 고통의 현장에서 목격하는 존재로 삼기에 이르렀다.

∴풀어보기

니체는 죄와 양심의 기원에 대해 논하면서, 다른 종류의 '기원'과 날카롭게 대비시킨다. 푸코는 니체가 다른 종류의 '기원'에 대해서는 반대하는 것으로 본다. 죄와 양심이란 개념들은 인간들의 사회적 상호작용에서 너무 기본적인 바탕이기 때문에 그 기원을 신의 창조라는 위대한 순간에 속하는 것으로 바라보는 경향이 있었다. 니체는 인간 자체의 기원 역시 모호하듯 죄와 양심의 개념들도 그 기원의 시점은 없고 그저 서서히 진화되어 왔다고 주장한다. 이 같은 진화론적인 견해가 특히 명백하게 표현되는 시점은 죄의 기원을 설명할 때다.

'죄'의 오늘날 모습은 어떤 사안에 대한 해명 의무, 도덕적/법적 책임과 관련이 있다. 당신이 달리 행동할 수 있었다거나 달리 행동했어야 했다면, 유죄에 해당한다는 것. 도덕적/법적 책임이란 자유의지의 개념과 관련되어 있으며, 우리가 본래부터 알고 있다고 착각했던 것처럼 결코 '양심이나 도의에 벗어난 짓'을 의미하지 않는다. 니체에 따르면, 죄는 그저 단순히 변제해야 할 채무를 의미했다. 니체가 첫 번째 논문 13절에서 언급했던 것처럼 '자유의지'란 노예 도덕에 따라 최근에 생성된 개념이다.

노예 도덕에 따르면, 처벌은 범죄자가 다른 방식으로 행동할 수도 있었다는 이유만으로 주어진다. 만약 이유야 어떻든(예를 들면, 정신이상, 불법적인 강요나 협박, 강제, 우연한 사고, 기타) 누군가가 자유의지에 따라 행동할 수 없었다고 간주되면, 범죄를 저질러도 처벌받지 않았다.

니체는 고대 세계는 오늘날보다 훨씬 잔인한 속성을 지녔지만, 그만큼 더 '즐거운' 모습을 보인다고 설명한다.

당시 사람들은 단순히 재미로, 즉 유희나 오락거리로 다른 사람을 처벌했다. 만약 갑이 을에게 약속을 이행하지 못하면, 을은 최소한 분이 풀릴 때까지 갑을 구타할 수 있는 쾌락을 누렸다. 여기서 우리는 '죄'와 '채무'가 원래 관련되어 있음을 인식하게 된다. 죄란 변제해야 하는 빚으로 여겨졌던 것. 갑은 을과 약속을 하는 순간부터 채무 상태에 놓이게 되고, 약속을 이행하지 못하면, 어떤 다른 방식으로라도 변제해야 한다. 만약 '다른 방식'이란 것이 을이 갑의 눈을 파내는 것이라고 해도, 나중에 악감정은 존재할 수가 없고, 사후의 교정 조치도 아무런 의미가 없다. 이제 두 사람의 채무 관계가 해소되었으니 각자 제 갈 길로 가면 그만이라는 합의만 존재할 따름이다.

이제 우리는 니체가 혹독한 고문과 신체 훼손의 시대, 그리고 타인들의 고통에서 쾌락을 느끼던 시대를 일컬어 '잔인하다'고 특징짓는 이유를 어렵지 않게 이해할 수 있다. 그러나 니체가 그 시대를 '즐거운' 시대라고 명명한 까닭을 이해하려면 좀더 생각해야 한다. 이 의문에 대한 열쇠는 당시의 채권자와 채무자 사이에는 하등의 악감정이 없었을 것이란 니체의 암시라고 볼 수도 있다. 현대의 도덕 개념은 우리를 '양심의 가책'의 늪으로 몰아간다. 우리는 계속 감시당하고 판단당하며, 항상 행동거지를 도덕 기준에 맞추려고 신경을 쓴다. 그러나 니체의 고대 사회의 도덕 개념에서는 오늘날의 양심의 가책과 관련된 것은 찾아볼 수가 없다. 오늘날 우리가 즐겁지 않은 이유는 비행과 범죄들이 우리를 떠나지 않고 (마치 돌림병처럼) 계속 괴롭히기 때문이다. 고대에는 누구든 처벌에 복종하고자 했고, 그 처벌을 통해 문제가 종료되었다. 따라서 대부분의 시간 동안 도덕적 당위나 행위의 타당성 여부에 대해 영혼을 물어뜯으며 고뇌할 필요가 없었기 때문에 홀가분하게 즐거운 삶을 영위할 수 있었다.

니체가 고대의 상황에 대해 설득력 있는 주장을 펼치면서도 충분한 증거를 제시하지 못하는 점은 매우 실망스럽다. 어떤 의미에서 보면, 니체의 상상력과 천재성 역시 학자로서의 용의주도함이나 실험(경험)에 근거한 증거를 훨씬 앞서간다는 점에서 지그문트 프로이트*와 흡사하다. 니체가 다른 저작들에서 종종 영국의 경험주의자들과 그 방법론을 가혹하게 폄하한 사실로 미뤄 경험주의적 접근을 원치 않았으리란 점은 이해가 된다. 그러나 만약 니체의 입증되지 않은 역사적 단언들이 허위로 판명될 경우에 버텨

---

* **지그문트 프로이트**(Sigmund Freud, 1856-1939): 오스트리아 신경과의사. 인간의 정신 및 정신병 치료에 관한 이론이자 문화와 사회를 해석하는 시각을 제공하는 정신분석학의 창시자. 주요 저서는 〈꿈의 해석〉 등.
* **논리실증주의**(論理實證主義, logical positivism): 1920년대 빈에서 형성된 철학 학설. 과학지식만이 유일한 사실적 지식이며 모든 전통 형이상학적 학설은 무의미한 것으로 거부해야 한다고 주장. 이 학파에 따르면, 실체·인과성·자유·신(神) 등에 관한 '대답할 수 없는 심오한 물음'은 결코 진짜 물음이 아니기 때문에 대답할 수 없다. 논리경험주의.

낼 논거들이 거의 없다는 사실을 감안한다면, 우리는 경험
주의적 전통이나 실증적인 방법 쪽을 조심스레 옹호하고
싶은 마음이 들지도 모르겠다.

Sections 8-15

니체는 죄와 양심의 기원을 추적하고자 시대를 거슬러 매도자와 매수자, 채권자와 채무자 사이의 원시적 관계에 주목한다. 우리 인간은 세상의 만물들을 측정하고 평가하는 생명체들이다. 인간의 눈으로 바라보면, 모든 것이 가격을 지니고 있으며, 인간의 행위도 재화만큼 가치가 있다. 이러한 관계는 사람들과 그들이 살고 있는 지역공동체 사이에서도 존재한다. 공동체는 주거, 평화, 안전, 기타 수많은 편익들을 제공하고, 그 반대급부로서 공동체 구성원들을 채무 상태로 몰아넣는다. 공동체의 법률을 위반하는 사람들은 채무를 불이행하는 것일 뿐만 아니라, 자신들의 채권자(공동체)를 공격하는 것이 된다. 그 범죄자들이 가혹한 처벌에 직면하는 것은 당연지사다.

니체는 공동체가 강력해질수록 범법자들을 처벌할 필요성도 줄어든다는 점에 주목한다. 공동체가 나약하면, 공동체를 향한 그 어떤 공격도 공동체의 존속을 위태롭게 하기 때문에 반드시 제거되어야 한다. 그러나 모든 종류의 개인적·사회적 공격에 대해 충분히 맞설 만한 힘을 지닌 공동체는 범법자들을 처벌하지 않는 여유를 부린다. 그 사회는 이미 냉혹한 정의의 필요성을 극복해내고 웃자란 것이다. 우리는 범법자를 처벌하지 않는 권력의 표현에 대해 '자비'라는 명칭을 부여한다.

니체는 이어 정의의 기원으로 옮겨가 정의의 항목을 다룰 때 반드시 짚고 넘어가야 할 최후의 논제는 보복과 원한의 반작용적 효과들이라고 주장한다. 자신에게 해를 가한 사람들에게까지 참으로 정의로움을 잃지 않는 사람들은 극소수에 불과하다. 그렇지만 자신에게 해를 끼친 사람에게 채찍질을 하는 고귀한 사람이 가슴 속에 원한과 적개심을 품고 편견과 자기기만으로 오염된 사람들보다는 훨씬 더 정의에 근접해 있다.

정의와 법률제도는 본질적으로 피해를 당한 집단이 직접 보복을 가하는 형태다. 만약 내가 강탈을 당했다면, 피해를 당한 쪽은 나 자신이 아니라 정의이고, 따라서 정의가 나서서 복수를 해야 한다. 결국 니체의 주장에 따르면, 정의란 개념은 위반 가능성이 있는 법률체계를 가진 사회에만 존재할 뿐이고, '정의 자체'라는 개념은 성립하지도 존재하지도 않는다.

우리는 (사물이나 제도의) 기원들과 효용성은 전혀 별

개라는 것을 알았다. 일정 기간 동안 존재했던 세상의 모든 것들은 그것들을 지배하고 정복한 권력 주체들에 의해 온갖 다른 해석들, 의미들, 용도들, 목적들을 부여받았다. 어떤 특정한 사물이나 제도가 하나의 목적이나 효용을 가지고 있다는 사실은 거기에 '권력에의 의지'가 작용하고 있다는 징표다. 사물들이나 개념들은 본래의 목적을 가지고 있지 않지만, 그것들에 작용하는 온갖 힘과 의지들에 의해 목적이 주어진다.

예를 들면, 처벌이란 개념의 특징은 지속성과 유동성이다. 우리의 일반적인 추측과는 달리 처벌 행위는 고금을 통해 지속적이지만 처벌의 목적은 유동적이라고 니체는 밝히고 있다. 처벌은 더 이상 그 이유가 정확히 무엇인지 불분명할 정도로 역사가 길다. 니체는 각 시대에 따라 처벌이 지녀왔던 다른 '의미들'을 장황하게 늘어놓는다.

이 목록 어디를 찾아봐도 '양심의 가책'의 발전 과정을 언급한 대목은 없다. 니체는 심지어 오늘날에도 처벌이 죄책감을 일깨우지는 않는다고 주장한다. 처벌은 "내가 그런 행동을 하지 말았어야 했다"는 생각보다는 "무엇인가 생각지 않은 나쁜 일이 벌어졌다"는 느낌을 불러일으키는 하나의 불행한 사건 정도로 취급되며, 인간을 신중하게 하고 길들이기는 하지만, 좀더 나은 존재로 만들지는 않는다.

12절은 〈도덕의 계보〉에서 유명한 니체적인 용어 '권력에의 의지'가 처음으로 언급된다. '권력'이나 '의지'가 무슨 의미인지 즉각 마음에 와서 닿지 않기 때문에 이 용어는 다소 모호할 수 있다. 다만 니체가 이 절의 말미에서 '삶의 본질'이라고 부르는 것을 보면, 매우 중요시한다는 점은 분명하다. 또 다른 실마리가 제공되는 18절에서는 이 용어를 '자유를 향한 본능'과 동일시한다.

우리 모두가 일상적인 관계 속에서 권력에의 의지가 행해지는 것을 잘 살펴보면, 피상적으로나마 그것(권력에의 의지=권력을 향한 의지=힘을 쟁취하기 위한 집념)을 쉽게 이해할 수 있다. 누구나 다른 사람들을 힘으로 누르고 싶어한다. 예를 들면, 학교의 불량배나 동네 골목대장은 상대적으로 약한 아이들을 괴롭히고 협박해서 우월하다는 느낌을 맛보게 된다. 반면, 샌님들은 열심히 공부해서 학급 친구들보다도 높은 성적을 유지하고 실력을 길러 일종의 색다른 권력을 부여받는다. 청소년기이거나 청소년기를 무사히 넘긴 학생들이라면 심지어 친구들 사이에서도 권력 투쟁이 일어난다는 사실을 잘 알고 있다. 인기 있는 아이들은 작당해서 마음에 들지 않거나 경쟁 관계에 있는 아이들을 따돌리고 배타성을 실현해 권력을 맛본다. 남녀가 성적으로 아슬아슬한 행위들을 일삼는 것도 주로 둘 사이에서 권력과 주도권을 장악하기 위해서다. 성적으로 매력 있는 행동들이 유혹 대상들 위에 군림할 수 있도록 만들어주기 때문이다. 니체는 심지어 관대한 처분이나 행위들조차 권력에의 의지가 동기를 부여한다고 주장한다. 심지어 남을 돕는 일도 마찬가지다. 본질적으로는 내가 너를 도울 만한 힘을 가졌다는 우월성을 보여주면서 채무 관계 속에 옭아매는 것이다.

니체는 권력에의 의지가 세상 만물에게 행위의 동기를 부여하는 근본 추진력이라고 말한다. 이러한 주장은 우리의 근본적인 추진력이 '삶을 향한 의지', 즉 무엇보다 먼저 자기보존 의지를 추구한다는 주장과 상반된 것처럼 보일 수도 있다. 우리에게는 생명보다 권력이 더 중요하다고 볼 수 있는 이유는 아주 많다. 예컨대, 자신의 명분을 위해 기꺼이 죽음도 불사하는 순교자라면, "당신은 나를 죽일 수 있고, 내 신체에 어떠한 위해도 가할 수 있다. 그러나 내게는 당신의 모든 협박과 폭력에 저항할 수 있는 정신적인 힘(권력)이 있기 때문에 무소불위의 당신도 내 원칙들과 신념들을 해코지하지는 못할 것이다!"라고 말한다. 그는 분명히 생명 자체보다 신념의 독립성(비종속성=자유)이 주는 권력(힘)을 더 가치 있다고 여기는 것이다.

이 본보기를 통해 우리는 어째서 니체가 권력에의 의

지와 자유를 향한 본능을 동일시했는지 이해할 수 있을지 모른다. 강한 의지는 본질적으로 다른 사람에게 지배되거나 종속되지 않는 속성을 지닌다. 만약 내가 친구들이 시키는 대로 무슨 짓이든 한다면, 내 의지는 그들의 변덕에 종속되어 있기 때문에 나는 힘을 가졌다고 할 수 없다. 가혹한 고문과 죽음의 위협조차 내 신념을 꺾을 수 없고 행동을 변화시킬 수 없다면, 나는 어떤 대가를 치르더라도 지배에 당당히 맞설 수 있는 강한 의지를 소유한 것이 분명하다.

니체는 의지를 의미와 해석과도 아주 긴밀하게 연결시킨다. 우리에게 특정물이나 특정인이 의미가 있다는 사실은 어떤 의지나 힘이 그것을 지배하고 있다는 뜻이다. 예를 들어, 내가 당신을 해치는 행위는 겁을 주려는 짓이거나 자위행위 가운데 하나일 것이다. 전자는 단지 권력이 주는 우월감 때문에 당신을 해치고 있기 때문에 매우 조잡한 권력의지가 작동하고, 후자는 자기보존 본능에 입각한 행동이다. 양자의 경우에 행위 자체는 같을지 모르지만, 나를 행위로 이끄는 의지는 두 행위를 전혀 다르게 해석한다. 따라서 우리가 어떤 의미나 해석을 접하게 될 때마다 거기에는 어떤 행위나 사물에 대해 의미나 해석을 부여하는 하나의 의지가 작용하고 있다.

니체는 처벌을 예로 들면서 상세히 설명한다. 시대의 흐름에도 불구하고 처벌 자체는 항상 대동소이했으나 그

의미는 급격히 변화했다. 아주 옛날의 야만인들은 처벌에 대해 근대의 노예 도덕이 시인하는 것과는 아주 다른 의지를 지니고 있었다. 그 결과, 처벌 행위와 '처벌'이란 말은 변하지 않고 남아 있지만, 그동안 양자에 대한 해석은 천차만별이었다. 니체는 처벌이 우리에게 갖는 중대성은 처벌 자체가 아니라 우리가 처벌에 부여하는 의미라는 사실을 보여준다. 그 의미는 행위 자체와 독립되어 있고 비본질적이기 때문에 잠재적으로 우리가 처벌에 내포된 아주 많은 의미들로 이해하게 될 가능성이 있다. 그리고 일반 통념은 세상을 힘과 의지보다는 사물들과 행위의 관점에서 바라보았기 때문에 우리는 처벌의 의미를 행위 자체로부터 분리시키지 못하고 당연히 행위가 항상 같은 의미를 지녀왔던 것으로 생각한다. 니체는 우리가 지닌 모든 도덕관념에 대해서도 똑같은 의문과 주장을 제시하면서, '선', '양심', '죄', '정의' 같은 단어들은 오랫동안 인간과 함께 존재했지만, 우리가 모르는 사이에 해석 주체에 따라 다른 의미들을 갖게 되었다는 사실을 보여준다.

Sections 16-25

처벌이 양심의 가책의 기원이 아니라고 말한 니체는 양심의 가책이 수렵채집 경제사회로부터 정착농업 경제사회로의 이행과 더불어 생겨났다는 가설을 제시한다. 인간이 야생 상태에서 지니고 있던 모든 동물적 본능은 정착 문명 사회에서는 더 이상 쓸모가 없어졌고, 생존을 위해서는 가장 빈약하고 오류를 범하기 쉬운 의식적인 정신에 의존해야 했다.

니체는 외부로 발산되지 못하는 본능은 필연적으로 안으로 향할 수밖에 없다고 암시한다. 선사시대에 인간의 삶을 표상하던 사냥, 잔인함, 박해, 습격, 파괴의 본능 등은 정착사회의 도래로 말미암아 억제되어야 했다. 그 결과, 모든 폭력성을 자기 내부로 되돌려 투쟁과 극복의 대상이 되어야 할 새로운 야성을 만들어내기에 이르렀고, 그 과정에서 내적인 삶과 양심의 가책을 발명해냈다. 니체는 인간이 본능에 대항해 치르는 전쟁을 '인간의 인간에 대한, 자신에 대한 고통'이라고 규정짓고, 이러한 투쟁 과정 속에서 '인간이란 마치 목적이 아니라, 단지 하나의 길, 하나의 삽화적 사건, 하나의 다리, 하나의 커다란 약속일 뿐'이란 암시를 발견한다.

인간에 대한 이러한 평가는 정착공동체로의 이행이 자발적인 것이 아니라 폭력성을 수반했으며, 독재적인 소수가 다수에게 강요한 것이란 전제에 근거한다. '사회계약'이란 하나의 몽상에 불과하다는 것. 자유를 박탈당한 다수는 자유의 본능을 자기 내부로 돌려야 했고, 그 결과 (스스로에게 고통을 주기 위해) '양심의 가책'을 고안해내기에 이르렀다. 그리고 그 과정에서 아름다움이란 관념을 만들어냈고 이타심을 하나의 이상으로 발전시켰다.

다음으로 니체는 원시종족 구성원들이 부족의 창설자들에게 분명히 느꼈을 부채 의식을 필두로 양심의 가책이 발전한 과정을 추적한다. 부채 의식은 종족이 철저히 조상의 희생과 공헌에 의해서만 존속한다는 확신과 이것을 똑같이 갚아야 한다는 확신이 지배한다. 종족의 힘이 강력해지는 데 비례해서 존경스러운 선조들에게 갚아야 할 채무역시 늘어났고, 마침내 선조는 반드시 신으로 숭배되기에 이르렀다. 역사 발전 이후 지금까지 이어지는 유럽 최고의 신인 기독교 신 역시 원죄의식이 깃든 최대의 채무 감정을 기독교인들의 가슴 속에 심어놓았다. 신에 대한 채무는 완전변제나 청산이 불가능하기 때문에 기독교인들은 영원한 저주의 개념, 모든 인간들이 속죄할 수 없는 원죄를 가지고 태어난다는 논리 등을 발전시키기에 이르렀다. 기독교의 천재성은 예수 그리스도가 인간 모두를 원죄로부터 구원하고자 스스로를 희생한다는 개념 속에 존재한다. 신이란 인간이 상환할 수 없게 된 것을 상환할 수 있는 존재이고, 채무자들에 대한 사랑 때문에 자신을 희생한다는 것.

양심의 가책을 지닌 인간은 고행(자기고문)을 섬뜩할 정도로 냉혹하고 준엄하게 몰고 가기 위해 종교적 전제를 자기 것으로 만들었다. 바로 신에 대한 죄책감이다. 이 사상은 인간에게는 고문의 도구가 된다. 그러나 니체는 세상의 모든 신들이 한결같이 양심의 가책을 강화하는 데 기여하지는 않는다고 말한다. 기독교 신은 양심의 가책, 고행, 죄 등의 개념이 요체지만, 다행스럽게도 고귀하고 자주적인 인간이 반영된 그리스 신들은 인간의 동물적 본능들을 오히려 찬양하며 양심의 가책 따위를 일축해 버리고 영혼의 자유를 즐길 수 있도록 해주는 힘과 권위로서 작용한다는 것이다. 이처럼 그리스인들은 기독교와는 정반대로 그들의 신들을 이용했다. 신들은 어느 정도까지 나쁜 일에서도 인간을 변호하는 악의 원인으로 이용되었으며, 벌을 주는 것이 아니라 죄를 맡았다.

니체는 우리 인간들이 수천 년 동안 양심의 해부와 자

기 동물성 학대의 상속인이지만 가슴에 품어왔던 양심의 가책과 고행으로부터의 탈출구가 존재할 수도 있다고 암시하며 결론을 맺는다. 만약 양심의 가책이 인간의 동물적 본능들(감각, 본능, 자연, 동물성, 등)에 등을 돌리지 않고 그 본능들에 반하고 삶 자체에 적대적인 우리 내부의 모든 것들을 거역할 수 있다면, 우리는 의식을 삶에 대한 긍정으로 전환시켜 지금까지의 이상이 현실에 부과했던 저주에서 벗어나 기독교와 허무주의라는 '병'을 이겨낼 수 있을 것이다.

·풀어보기

니체는 노예 도덕이나 양심의 가책에 관해 종종 혹독한 비판을 가하며, 게다가 이것들이 현대 사회를 표상한다고 말한다. 그래서인지 니체의 태도를 가늠하기가 그리 쉽지 않다. 니체는 과연 단순히 비판만 하려는 것일까, 아니면 더 심오하게 한 걸음 나아가려는 것일까? 단순히 "옛날은 좋았으되 현재는 나쁘다"라는 상투적인 개념이나 해석을 니체의 이론 속에 투영하고 싶은 유혹이 들기도 한다. 니체가 노예 도덕과 양심의 가책이 발달하기 이전 시대인 잔인하지만 유쾌했던 야만 사회로의 복귀를 권하기 때문이다. 무엇보다 여기에 나타나는 니체의 주장들은 좀더 복잡하고 정확하게 읽어야 한다.

니체는 양심의 가책을 '병'으로 몰아붙이고 제1논문에서는 노예 도덕을 혹독하게 폄훼하면서도 인간 역사에서 최근의 발전 과정들이 나름대로 과거 사회에 비해 중요한 진보를 가져왔다는 점에 주목한다. 선사시대 인간들은 어쩌면 오늘날 인간들보다 더 쾌활하고 정신이 자유롭고 평범하지는 않았을지 모르겠지만, 깊이(정신과 영혼의 심오함)가 결여되어 있었다. 그들은 스스로를 야수적인 본능에 지배받도록 방치했으며, 권력에의 의지는 항상 외부의 정복과 생존을 향해 치달았다. 그리고 자신에 대한 관심이 없었고 자신을 통제하거나 이해하려는 노력도 하지 않았다.

정착공동체들의 형성과 더불어 그저 즐거웠던 야만인들은 드디어 타인들을 함부로 해칠 수 있는 자유, 자유롭게 떠돌 수 있는 자유, 본능에 충실할 수 있는 자유를 잃게 되었다. 권력에의 의지를 외부로 표출시킬 수 없었던 그들은 그것을 안으로 되돌려 자신들을 극복하고 정복하고자 했으며, 그 과정 속에서 내적인 삶을 발견하게 되었다. 이러한 내적인 삶이 비록 노예 도덕과 양심의 가책의 발달을 초래했을지언정, 니체는 그것이 이루어낸 의미심장한 개선사항들을 지적하기도 한다. 인간 자신이 '흥미로워'졌으며, 아름다움이란 개념이 발전했고, 인간이 다른 동물들과 확연하게 구분되었던 것. 이외에도 개선사항들은 얼마든지 존재했다.

니체가 현대 사회를 못마땅하게 여긴다고 해서 어떤

원시적인 삶의 방식으로 회귀하라는 말은 아니다. 그는 현대인들이 심오함을 잃게 내버려두고 싶지 않다. 현대인들이 (옛날에 대한 향수에 젖어) 과거로 돌아가기보다는 계속 앞으로 나아가기를 원하는 것이다. 만약 내적인 삶이 인간의 자의식을 향한 권력에의 의지의 소산이라면, 인간의 내적인 삶이란 본질적으로 하나의 투쟁이다. 니체는 이 투쟁에서 인간이 이기기를 바란다. 권력에의 의지는 스스로의 나약한 의지나 종속성 따위를 완벽하게 극복해 인간이 더 이상 양심의 가책이나 원한을 갖지 않도록 해야 한다. 〈차라투스트라는 이렇게 말했다〉에서는 이러한 최종의 의지 상태에 도달한 인간을 초인 또는 달인이라고 명명하고, 인간을 짐승과 초인 사이에 있는 밧줄로 비유한다. 이 힘겨운 투쟁이 곧 우리의 삶이기 때문에 인간은 서로에게 얼마든지 흥미로운 대상이 될 수 있고, 우리가 밧줄을 따라 (어쩌면 지금 이 순간에도 곡예를 하듯) 걸어가고 있다는 징표가 된다.

그렇다면 니체가 현대 사회에 좌절하는 이유는 현대인들이 과거의 동물적인 야만 사회로부터 점점 멀어져가고 있기 때문이 아니라 투쟁에서 이겨낼 만큼 강하지 못하다는 사실 때문이다. 양심의 가책은 인간들이 스스로를 수치스럽고 혐오스러운 존재로 바라볼 때 생겨나며, 우리 인간을 사회적·도덕적으로 길들이고 평범하게 만들 수 있다. 인간은 미약한 자아를 온전히 극복하려면 자신을 부정적으로 인식해서는 안 되며, 이제는 삶, 세계, 자아를 갚아야 할 원죄가 아니라 위대한 존재로 보아야 한다.

니체는 인간들이 스스로를 고정된 물체나 삶의 목적 자체로 바라볼까봐 몹시 노심초사한다. 인간은 고정되어 있지도 않고, 사물도 아니다. 우리는 서로 갈등하고 투쟁하는 세력들의 뒤범벅 상태이며, 그 세력들은 서로를 이겨내기 위해 안간힘을 쓴다. 만약 우리가 지금 상태로 머문다면, 우리는 단순히 잡동사니에 불과할 것이로되, 만약 고난을 무릅쓰고 앞으로 나아간다면, 신(초인=완전자)이 될 수도 있는 것이다.

Sections 1-10

요점정리

니체는 이 논문의 첫머리에서 "(고대 기독교의 수도자들이나 수행자들이 행했던) 금욕주의적 이상의 의미는 무엇인가?"라고 묻고, 예술가, 철학자, 학자, 여자, 성직자, 등, 그 부류에 따라 천차만별의 의미를 지니지만, 결국은 인간 의지가 지닌 공허의 의지가 표현되어 있다고 답한다. 인간은 하나의 목표가 필요한데, '아무것도 의욕하지 않기보다는 차라리 무(無)라도 의욕한다'는 것.

그리고는 바그너의 사례를 들면서 왜 바그너가 노년에 순결에 경의를 표했고, 왜 〈파르지팔 *Parsifal*〉*을 썼는지 진지하게 묻고 있다. 자신의 예술(그리고 삶)에 대해 최고의 정신화와 관능화를 추구해 왔던 예술가가 자신을 부정하고

---

* 〈**파르지팔**〉: 전 3막으로 1882년 완성되었으며, "무대신성제전극(舞臺神聖祭典劇)"이란 표제가 붙어 있다. 기독교를 제재로 하고 있으나 동양 사상의 영향도 강하게 받은 바그너의 종교관과 세계관이 뚜렷이 나타나 있다.

말살하는 행위를 저질렀다며 바그너를 비난한 니체는 예술가들로부터는 금욕주의적 이상의 의미에 대해 그다지 배울 것이 없다고 결론을 짓는다. 어느 시대든 예술가들은 어떤 철학이나 도덕, 종교의 권위에 의존하기 때문이고, 바그너의 금욕주의 역시 쇼펜하우어의 철학 없이는 불가능했다는 것. 바그너가 쇼펜하우어에게 이끌렸던 이유는 쇼펜하우어가 철학 속에서 보여준 음악에 대한 탁월한 평가 때문이었다. 모든 다른 예술들이 단순히 현상의 모사(模寫)를 나타내는 것이라면, 음악은 의지 자체의 언어를 표현한다는 것.

　여기서 쇼펜하우어는 '미란 무관심하게 사람들을 즐겁게 하는 것'(무관심-미적 상태)이란 칸트의 논리를 따르고 있다. 이처럼 칸트적 정의를 자신의 철학으로 받아들인 그는 미가 의지(성적 관심의 상태)를 진정시키는 작용을 하는 동시에 의지의 속성인 끊임없는 결단력의 긴박감으로부터 의지를 해방시켜준다고 찬양한다. 칸트가 지닌 미의 개념은 예술가의 입장이 아니라 관람자의 관점에서 나온다고 진술했던 니체는 미는 '행복의 약속'이란 스탕달의 정의와 그것을 비교한다. 스탕달의 정의는 의지와 관심을 모두 불러일으키기 때문에 무관심이 미적 상태라는 칸트와 쇼펜하우어의 그것과는 정반대다. 그러나 결론적으로, 니체는 쇼펜하우어의 미적 입장이 주관적이며 결코 관심이 배제되지 않았다고 주장한다. 여기서 우리는 금욕주의적 이상을 신봉하는 철학자 한 사람을 만나게 된다. 그는 자신의 의지의 지속적인 고문과 고통으로부터 벗어나기 위해 그렇게 한다는 것이다.

인간을 포함한 모든 동물은 저마다 본능적으로 힘의 감정을 최대화시키는 상태를 확보하기 위해 노력하고, 최적으로 가는 길 앞에 놓인 온갖 종류의 방해자나 장애물을 기피한다. 따라서 철학자들은 결혼(헤라클레이토스, 플라톤, 데카르트, 스피노자, 라이프니츠, 칸트, 쇼펜하우어 등이 결혼하지 않았다.)과 철학적 명상 이외에 마음을 혼란스럽게 하는 것들은 모두 혐오한다. 니체는 이러한 맥락 속에서 많은 철학자들이 추구했던 금욕주의적 이상이 지니는 참된 의미와 효용성을 발견한다. 그것은 바로 힘의 감정을 최대화하는 하나의 수단이라는 것. 금욕주의적 이상이란 생존의 부정이 아니라 긍정이며, 이 점에서 그 철학자는 오직 자신의 생존만을 긍정한다. 따라서 철학자들이 편견 없는 관점에서 금욕주의를 기술할 수 없다는 것이 니체의 결론이다. 그들은 금욕주의적 이상의 가치에 대한 증인이나 재판관이 아니고, 자기 자신만을 생각한다. 그리고 그들을 둘러싼 강제, 방해, 소음, 일, 걱정 등, 세상의 시끌벅적함과 시시콜콜한 사안들과 관계를 끊을 때 최선의 상태가 되는 것이다.

철학자들에게 금욕주의적 이상이 지니는 가치를 밝힌 니체는 철학이 금욕주의적 이상에서 탄생했으며, 그것에 의존하기도 한다고 주장한다. 우리가 살고 있는 세계의 모든 커다란 변화들은 폭력을 통해 달성되고 불신을 받아왔다. 명상적이고 회의적인 철학적 분위기는 고대의 도덕을 거슬렀지만 역시 불신의 대상이었음엔 틀림없다. 이 같은 불신을 퇴치하는 최선책은 두려움을 불러일으키는 것이고, 니체가 보기에는 고대 브라만들이 그 점에서는 단연 최고였다. 그들은 자기고문과 금욕적 절제(거세)라는 끔찍한 방법을 통해 타인들은 물론 스스로에게도 경외(敬畏)의 대상이 되었던 것이다.

니체의 주장에 따르면, 본질적으로 철학자들은 세상을 향해 당당하게 철학자라고 내세울 수가 없었기 때문에 자신들을 대변할 다른 가면을 선택했다. 브라만들과 그 이후의 대부분의 철학자들도 금욕주의적인 성직자, 마술사, 예언자 등, 종교적 인간으로 가장했던 것. 니체는 이 사실이 아직까지도 유효하다고 주장한다. 안타깝지만 이 지구상에는 철학자들이 금욕주의적인 성직자의 가면을 벗어던질 만한 의지의 자유가 존재하지 않는다는 것이다.

: 풀어보기

'금욕주의적'이란 말은 도대체 무슨 의미일까? 아마도 금욕주의에 익숙하지 않은 사람들이 맨 먼저 던질 물음일 것이다. 니체는 8절에서 '가난, 겸손, 순결'이란 말로 아주 멋들어지게 답변하고 있다. 본질적으로 금욕주의란 세속적인 즐거움을 거부하고 절제하며 검소한 삶을 좇는 경향이나 태도다. 수도승이나 은둔자들은 종종 금욕주의와 관련을 맺게 된다.

이 논문의 서두에는 당시에 명성을 날리던 바그너와 쇼펜하우어가 등장하는데, 두 사람은 니체의 성장과 발전에도 상당한 영향을 미쳤다.

니체는 젊은 시절에 바그너의 예술을 예찬했고 바그너 부부와도 친분이 있었으며, 〈비극의 탄생〉에서는 바그너에 대해 장황하게 찬사를 늘어놓기도 했으나 나중에는 그 일을 유감스러워했다. 1870년대 중반까지는 바그너를 천재적인 작곡가—도덕의 수렁에 빠지지 않고 낡은 도덕 위로 떠올라 새롭고도 고무적인 예술 세계를 창조해내는 천재적인 예술가—로 생각했던 것. 1870년대 중반 무렵에 그들의 관계가 냉각된 이유는 부분적으로는 바그너의 반유대주의 성향과 병적인 이기심, 그리고 니체가 보기에는 감성과 정신에 대한 저주이자 기독교적인 오페라 〈파르지팔〉 때문이기도 했다. 1888년, 니체는 최후의 저서에 속하는 〈바그너의 경우〉에서 그와의 결별에 대해 설명하고 있다.

여기서 니체는 작곡가 바그너를 인생 말년에 금욕주의적 이상들로 전향한 예술가의 전형으로 활용한다. 바그너가 순결과 채식주의를 받아들였을 뿐만 아니라, 〈파르지팔〉에서 최고의 정신화와 관능화를 추구해 왔던 기존의 자기 자신을 부정하고 말살했다는 것. 니체는 이것이 부분적으로는 바그너 자신이 써왔던 글에서 나타나는 그런 영웅이 되려는 욕심 탓이라고 비난하고, 예술가에게 금욕주의적 이상은 아무것도 아니라는 결론을 내린다. 예술가를 그의 작품처럼 진지하게 생각하지 않는 자세가 가장 확실하고 바람직하다는 것.

쇼펜하우어는 칸트와 인도철학의 영향을 많이 받은 독일 철학자다. 그는 대표작 〈의지와 표상으로서의 세계 *The World as Will and as Idea*〉(1819)에서 칸트를 추종하면서, "우리가 인식하는 세계는 단지 감각적인 현상들에 불과하고, 물자체(物自體. thing-in-itself)*를 인식할 수는 없다"고 주장한다. 우리는 자신들의 내부 속에서 만물의 근저에 놓여 그것들을 움직이는 의지만 감지할 수 있을 뿐이란 것. 진정한 마음의 평화는 의지의 소멸에서나 찾아볼 수 있다는 주장에서는 인도철학의 면모가 나타난다. 그의 주장에 따르면, 인간은 예술을 통해서는 잠시 그 열정들을 진정시키지만, 금욕주의자는 자아의 욕망을 완전히 제거해 버릴 수 있

---

* **물자체**: 칸트 철학의 중심개념. 인간의 인식작용에 의해 생긴 이미지가 아니라 그 자체로서 존재하는 어떤 것. 이를테면, 신 영혼 양심 등.

을지 모른다.

쇼펜하우어의 의지에 대한 고찰은 니체 철학에 심대한 영향을 미쳤으나 니체는 의지의 소멸이란 문제에서는 견해를 크게 달리한다. 니체는 의지의 소멸을 위험하고 허무한 염세주의*로 생각하고 오히려 의지를 긍정하고 강화시켜야 한다면서도 철학적 금욕주의가 철학적 명상을 할 때 신변잡기적 요소들을 제거하는 데 도움이 된다며 긍정하기도 한다. 따라서 쇼펜하우어의 금욕주의는 바그너의 금욕주의보다 낫다.(바그너-예술가와 관련한 금욕주의는 허무하기 때문.)

니체는 두 번째 논문에서 "어떤 사물이나 행동이 의미가 있다고 말하는 것은 의지가 작용하고 있다는 뜻이고, 한 가지 사물에 대해 해석 주체와 그 해석 주체의 가치관에 따라 얼마든지 다른 의미들이 적용될 수 있다"고 주장하고, 그 실례로 '처벌'에 대해 상세히 설명한다. 처벌이 역사적으로 다른 의미들(해석들)을 많이 지녀왔기 때문이다. 세 번째 논문은 "금욕주의적 이상의 의미는 무엇인가?"란 질문으로 시작되는데, 그 '의미'는 사람마다 다를 것이다.

철학자들에게는 금욕주의적 이상이 그들의 힘의 감정

---

* **염세주의**(pessimism): 삶의 참다운 행복이나 의미를 얻는 것에 절망하고 모든 것을 부정적으로 보는 생각. 이 세상은 악이 지배하고, 살아서는 이것을 극복할 수 없기 때문에 인생은 살 가치가 없다는 생각으로까지 발전한다. 비관주의.

을 최대화시켜 그들의 지식추구에 보탬이 되고, 점진적인 지식축적은 힘의 감정(힘의 소유와 실현)을 증대시킨다. 그들은 이렇게 해석되는 금욕주의를 좋은 것으로 보지만, 니체는 바그너의 경우처럼 예술가들에게는 금욕주의적 이상이 그러한 가치를 갖지 못하고, 오히려 위대한 예술의 탄생을 방해할 수도 있다고 주장한다. 철학자들과 달리 예술가들은 세상 사람들로부터 스스로를 고립시킬 수 없고 관능이나 육욕에의 탐닉으로부터도 자유롭지 못하지만 여전히 가치 있는 작품을 창조해낸다는 것.

대개 인간들은 '아무것도 의욕하지 않기보다는 차라리 무라도 의욕한다'는 니체의 주장은 그의 금욕주의적 이상을 이해하는 데 매우 중요한 단서가 된다. 이 책의 마지막 부분에서도 나타나는 이 주장을 간단히 언급하면, 금욕주의적 이상을 의욕한다는 것은 '무(마음을 비움 또는 사물 상호간의 차이나 사물의 다양성이 없는 무차별적인 통일성을 얻음)를 의욕한다'는 것이다. 쇼펜하우어의 금욕주의가 '무'를 추구하는 까닭은 그것이 의지를 완전히 소멸시키려 하기 때문이다. 그러나 이것 역시 여전히 무언가를 추구하는 것(의지가 작동되는 것)이며, 그러한 의지 작용은 전혀 아무것도 추구하지 않느니보다는 낫다는 것이 니체의 말이다. 인간의 기본적인 충동이나 성향은 권력에의 의지(언제든지 자신의 힘을 행사하고자 하는 욕망=힘(또는 권력) 있는 자

가 되어 주변의 관계 속에서 그 권력을 구체적으로 실현시
키고자 하는 욕망)이다. 그렇다면 결국 금욕주의란 수수께
끼는 인간이 욕망을 비우고자 하는 '무'의 과정을 추구하면
서도 역설적으로 어떻게 하면 "자신들의 권력의 느낌을 최
대화할 수 있는가"에 대한 설명이기도 하다.

Sections 11-14

우리는 금욕주의적인 성직자에게서 금욕주의적 이상의 가장 진지한 전형적인 모습을 발견한다. 그는 삶을 '결국 출발점으로 되돌아가야 하는 오류의 여정'으로 간주하거나 '행위에 의해 바로잡히는 일종의 실책' 정도로 취급한다. 그들에게 삶이란 감각적인 쾌락과 유흥적인 요소들을 모두 갖추었지만 필연적으로 부인되고 거부되어야 할 대상이며, 그 결과가 바로 금욕주의적인 삶이다. 이런 견지에서 금욕주의적인 삶이란 하나의 목표가 아니라 색다르고 보다 나은 어떤 것을 추구하기 위해 현실적인 삶으로부터 차츰 멀어져가는 수행 과정이다.

금욕주의적 이상은 세계 도처에서 시대와 문화를 불문하고 자발적으로 생겨나며, 거기에는 바람직한 무엇인가가 틀림없이 존재하기 때문에 세계적인 보편성을 획득하는 것이다. 그러나 금욕주의적 삶은 하나의 모순처럼 보이기도 한다. 의지 작용을 정지시키려는 의지이자 삶을 거스르는 삶이고, 삶의 일부분이 아니라 삶 자체를 통달하고자 노력하는 권력의지의 표현이기 때문이다.

그처럼 모순과 반(反)자연을 향한 의지가 철학을 하게 되면, 진정한 삶의 본능이 가장 무조건적으로 진리를 설정하는 그곳에서 오류를 찾아내 현실적인 것을 부정하며 비현실적이라고 주장할 가능성이 높다. 물질적인 대상들은 환영으로 격하시키고, 인간의 실재성과 자아를 부정하며, 이성은 물질적인 현실의 환영들을 다루는 일에만 국한되고 진리 자체를 관통하지 못한다는 것이다.

니체는 이 같은 견해에 반대하기보다는 금욕주의에 고마움을 표시한다. 인간의 관점을 변동시켜 하나의 사물이나 상황을 새로운 관점에서 파악하게 만든다는 것. 물론, 이러한 견해는 금욕주의의 영향을 받아 객관성을 결여할 수도 있다. 그러나 니체에 따르면, '객관적' 관점 같은 것, 그리고 적어도 순수이성이나 절대 진리, 인식 자체 등의 근거로 삼을 '순수하고, 의지가 없고, 고통을 수반하지 않고, 특정의 시간(시대)에 한정되지 않는 인식 주체'란 존재하지 않는다. 다만, 하나의 문제에 대해 되도록 여러 관점을 얻으면(관점주의) 객관성에 근접할 수 있을 뿐이다. "오직 관점주의적인 보기, 오직 관점주의적인 인식만 존재한다. 만약 한 가지 사물에 대해 더 많은 눈과 더 다양한 눈을 허용해서 관찰하면, 그만큼 이 사물에 대한 '개념'이나 '객관성'은 완벽해질 것이다." 니체는 의지와 생각들까지도 모조리 없애려고 하는 금욕주의적 이상(무념무상을 추구하는 금욕주의)은 반대한다. 이것은 하나의 다른 관점이 아니라 모든 관점의 말살에 해당하기 때문이다.

다음으로 니체는 금욕주의적 이상이 '삶을 거스르는 삶'을 나타낸다고 할 때 발견되는 모순과 씨름한다. 니체가 볼 때, 금욕주의적 이상은 퇴화되어가는 삶에 대한 보호본능에서 생겨났고, '삶을 보존하기 위한 기교'다. 인간은 자기 자신, 자연, 심지어는 신들에 대해서까지 힘을 획득하기 위해 끊임없이 탐구하고, 찾고, 투쟁하는 위대한 실험자들로서, 이 같은 총체적인 투쟁과 고행을 통해 스스로를 (존재방식-삶 자체에 대한 역겨움을 지닌) '병든' 존재로 만들었고, 당연스레 금욕주의적 이상이 세계 도처에서 생겨나고 있다. 그러나 비록 겉으로는 금욕주의적 이상이 삶을 부정하는 것처럼 보이지만, 고난과 병에도 불구하고 '네'라고 말하는 것을 보면 실상은 삶을 최고조로 긍정하고 있다.

니체는 이 '병'은 인간에 대한 구역질과 동정심에서 생겨난다고 말한다. 이 구역질이나 극도의 불쾌감, 증오, 혐오감 등은 금욕주의적 이상의 특징인 허무주의, 무에의 의지를 낳는다. 가장 나약하고 병든 자들이 취하는 허무주의가 덕으로 가장되어, 건강, 힘, 행복 등과 같은 삶의 긍정적 자세가 처벌받아 마땅한 악으로 규정되는 지경에 이르면 아직 건강한 자들에게는 아주 커다란 위험이다. 강한 자들은 결코 자신의 힘을 수치스럽게 여겨서는 안 되며, 그 힘을 유지하고자 한다면 스스로 병자의 모습을 경계하면서, 모든 병자들과 격리되어야 한다. 즉 강한 자들은 '병든' 다수의 인간을 동정하거나 치료하려고 들어서는 안 된다.

: 풀어보기

니체가 선호하는 과장법이나 은유법 같은 수사적 기교는 '현대 유럽 대중들은 병적'이라는 그의 의도를 파악하는 데 적잖은 어려움을 던져준다. 이 책을 저술할 당시 니체는 편두통, 불면증, 그리고 무엇보다 실명 위기로 고통을 받으면서도, 신체만 멀쩡하고 정신과 영혼이 병들어 있던 대다수 유럽 대중들보다는 자신이 훨씬 더 건강하다고 자부했다.

이런 '병'은 인간 스스로 설정하고 극복하려 드는 계속적인 투쟁과 고행들로부터 생겨난다. 인간은 지속적인 고행과 투쟁을 통해 스스로를 동물들과 현격하게 구분 지어주는 요소들이라고 주장하는 모든 것, 즉 심오함, 도덕성, 사회, 내면적인 삶 등을 달성해 왔다. 그리고는 심지어 인간을 '내면을 주시하는 동물'이라고까지 말할 수 있게 되었는데, 이렇게 자신의 내면을 들여다보는 일은 자신과 인간 본성에 대한 지속적인 투쟁을 통해서만 생겨난다. 니체에게는 삶의 가장 위대한 승리란 이 같은 고행과 투쟁들을 기쁘게 받아들여 마침내는 창조적인 의지행위로 바라봄으로써 비로소 동물적 본능과 진화론적인 과거로부터 자유로워져 참된 자아를 온전히 창출해내는 일이다. 그러나 흔히 인간은 자신들의 모든 고행을 승리라기보다는 인내해야 할 고통쯤으로 여긴다. 만약 인간들이 삶을 고통으로 여긴다면, 졸지에 삶은 연민의 대상이자 어쩌면 구토의 원인(혐오의 대상)으로까지 전락해 버린다. 니체에 따르면, 이러한 동정심과 역겨움이야말로 인간의 가장 큰 '병'이다. 인간에게 진저리를 치는 자들은 인간의 본질인 투쟁을 견뎌낼 만큼 강하지 않다. 이 같은 병으로부터 (개인·사회·제도에 대한) 원한, 허무주의, 그리고 니체가 경멸하는 여타의 모든 부정적 관념들이 싹튼다.

니체가 사용하는 '병'이란 용어는 전염성을 지닌다는 측면에서 볼 때 아주 적절한 개념이다. 병은 강한 자들에게는 자신들이 사악하다는 죄의식을 불어넣는 노예 도덕을 초래하고, 나아가 자기혐오와 병으로까지 몰아간다. 그들에게 유일한 안전판은 병든 대중들을 피하고 그들의 도덕적 해석을 무시하는 일이다.

대중들 사이에서 나타나는 금욕주의적 이상은 병든 권력의지의 표현이다. 삶에서 고통받는 그들은 삶을 하나의 불행으로 간주하고, 금욕주의적 이상들 속에서 자기주장의 수단을 발견한다. 그 어떠한 긍정적인 의지행위(건강, 행복, 힘 등을 추구하는 행위)도 병자들(의지박약한 노예 도덕의 추종자들)의 분수에 넘치기 때문에 그들은 긍정적인 요소들을 희구할 수가 없으며, 대신, 성공적으로 추구할 수 있는 유일한 대상인 무를 추구한다. 니체가 이 논문의 서문에서도 주장했듯, 병자들은 아무것도 의욕하지 않기보다는 차라리 무라도 의욕한다.

니체가 '병든' 것(삶을 병적으로 바라보는 현상)이 나쁜 일이고 삶에 반한다며 반대한 것은 의심의 여지가 없다. 그러나 우리는 금욕주의를 전적으로 병과 관련지어서는 안 된다. 니체가 굳이 금욕주의를 언급하는 경우들은, 병자들에게 남겨져 있는 유일하고도 활용 가능한 권력의지의 표현이라고 주장할 때뿐이다. 다시 말해, 금욕주의는 병적인 징후를 드러내는 한에서만 나쁠 뿐이다. 그러나 이것만이 니체가 금욕주의를 바라보는 유일한 방법은 아니다. 우리는 이미 앞에서 니체가 철학자들과 예술인들에게는 금욕주의의 의미를 다르게 부여하는 모습을 접한 바 있다.

그 같은 언급에서 살펴보아야 할 점은 예술인들의 금욕주의가 철학자들의 금욕주의에서 발견되고, 철학자들의 금욕주의는 금욕주의적인 성직자들과 관련되어 있다는 사실을 니체가 염두에 두고 있다는 것이다. 그런 의미에서 그것들이 모두 일면으로는 병적인 징후들을 나타내지만, 그

문제는 단순히 '금욕주의가 나쁘다'는 것 이상으로 훨씬 더 복잡하고 어렵다.

인간은 어떤 쟁점이든 되도록 다양한 관점에서 바라보아야 한다는 니체의 좌우명은 '관점주의'라고 불린다. 12절에서는 관점주의에 대해 각별하고 분명한 표현을 살펴볼 수 있다. 니체에 따르면, 절대 진리(소위, 절대 정신, 절대 이성 따위)나 객관성 같은 개념들은 진리를 인식하는 다양한 방법과 해석들이 존재함에도 불구하고 인간을 현혹시켜 오직 진리를 고립되고 편벽된 한 가지 방향으로만 인식하고 추구하도록 만드는 사회적 통념이요 근거 없는 몽상에 불과하다. '절대 진리'라는 획일적 사고방식은 진리를 벽에 붙어 있는 그림 정도로 취급해서 고정된 관점에서도 쉽게 관찰할 수 있다고 여기는지도 모른다. 그러나 진리를 대하는 니체의 관점은 하나의 입체적인 조각상에 더 가깝다고 볼 수 있으며, (평면을 응시할 때와 달리) 전체 조각상을 관찰할 수 있는 하나의 이상적인 관점은 존재하지 않는다. 조각상을 제대로 감상하려면 그 주변을 걸어 다니며 사방팔방에서 관찰해야 한다. 보다 다양한 관점에서 고찰할수록 그만큼 더 조각상에 대한 객관적 인식에 다가갈 수 있는 것이다. 마찬가지로 "어떤 개념이나 주장도 되도록 다양한 관점에서 고찰해야 가장 합리적이고 다면적(多面的)인 견해에 도달할 수 있는 최적의 상태가 된다." 따라서 니체는 금욕주의적 이상들도 되도록이면 다양한 관점—예술가의 관점, 철학자의 관점, 금욕적인 성직자의 관점, '병든' 대중들의 관점, 등—에서 관찰해야 가장 잘 이해할 수 있다고 생각한다.

니체의 관점주의는 20세기, 특히 포스트모더니즘*적 사고에 지대한 영향을 주었다. 근대 물리학의 발전은 "참인 것은 대개 각자가 취하는 관점에 의존한다"는 니체의 주장을 한층 강화하고 심화시키는 데 기여했다.

---

* **포스트모더니즘**(postmodernism): 모더니즘 이후 1960년대에 유럽과 미국에서 시작되었다. 모더니즘의 기본 입장인 다다이즘, 초현실주의, 아방가르드 운동을 대부분 수용해 극단적 형태로 발전시켜 철학, 문학, 예술 등, 사상과 문화를 지배하는 사고 체계에 영향을 미침. 후기근대주의.

Sections 15-22

　니체는 정신적으로 건강한 자들이 병자들을 보살피게 되면 반드시 감염된다는 사실을 인지하고, 병자들에게는 역시 '그 스스로 병에 걸린 의사나 간호사'가 필요하다는 결론에 도달한다. 금욕주의적 성직자의 역할은 정확히 병든 대중을 돌보는 것이다. 그는 병자들과 더불어 이해하기 위해 스스로 병들어야 하며, 그들의 신뢰와 두려움을 얻고 그들의 발판, 교사, 신 등이 되기 위해서는 강해야 하고 타인보다 자기 자신을 더 지배하는 자가 되어야 한다.

　고통받는 자들은 모두 본능적으로 자신에게 고통을 안겨준 누군가를 찾으려 하고, 친구, 아내, 자식 등, 주변의 가까운 사람들을 악인으로 만든다. 이처럼 희생양을 찾는 일은 격렬하고 위험할 수도 있다. 그러나 목자인 금욕주의적 성직자는 그 대중들에게 고통에 책임질 사람은 다름 아닌 그들 자신이라고 설득해서 그 원한의 방향을 변경시키는 데 기여한다. 이 일은 병자들을 무해(無害)한 존재로 만들고,

그들의 자기수양과 자제력을 고양시키며, 나아가 그들을 원죄와 양심의 가책이라는 종교적 틀과 조직(교회)으로 재구성해서 건강한 자들과 떨어져서 살아갈 수 있도록 돕는다.

그러나 그 성직자는 병 자체나 원인을 치료하려 노력하지 않고, 그저 위로 등을 통해 병자들의 고통을 완화시켜 줄 뿐이다. 병자들은 인간의 본능에 대항하려는 인류의 위대한 투쟁에 동참할 만한 힘을 갖지 못한 사람들이고, 종교는 그들에게 힘을 주기보다는 삶에 대한 불쾌감이나 완화시키고 있다.

니체는 금욕주의적 성직자가 세상에 만연한 불쾌감과 싸우는 두 가지 주요 방법이 있다고 밝힌다. 첫째, 감각과 의지를 무디게 해서 현세의 고통들이 예리하게 느껴지지 않도록 한다. 특히 인도철학에서는 이러한 최고의 구원 상태를 온갖 망상으로부터의 해방이라고 본다. 영혼이 깊은 잠으로 빠져들면, 진리, 앎, 실체, 선, 악, 등 모든 것들이 점차 무의미해진다는 것.

둘째, 힘겨운 노동(기계적 활동)을 통해 고통스러운 생존으로부터 마음을 딴 곳으로 쏠리도록 해서 고통이 들어설 여지가 없게 만든다. 그 성직자는 솔직하지 못하게 하층 계급을 설득해 '노동의 축복'이라며 열심히 일하게 만들고, 비이기적인 행위나 이웃 사랑 같은 사소한 행동들을 권해 쉽게 얻을 수 있는 권력에의 의지의 표현을 처방한다. 이러한 상호 부조 정신은 약자들을 결속시켜 집단—예를 들면, 기독교 초기의 빈민자 모임, 병자 모임, 매장 모임 등—을 만들게 하는데, 모든 병약자들은 불쾌감이나 나약한 감정을 떨쳐버리려는 갈망에서 본능적으로 무리 조직을 추구하고, 영리한 금욕주의적 성직자는 그 본능을 간파하고 장려하는 것이다.

한편, 위 두 가지가 불쾌감과 싸우는 '순진한' 수단들인 데 반해, '감정의 방탕'을 불러일으키는 '죄스런' 방식도 존재한다. 니체는 '감정의 방탕'보다는 다소 부정적이지 않은 용어(감정 속에 있는 열광)를 사용할 수도 있었겠지만, 그런 말을 듣는 것조차 참지 못하는 유약한 자들을 위해 용어를 순화시키고 싶은 생각은 없다고 단호하게 주장한다. 이러한 '감정의 방탕들'은 (종교적 · 도덕적) 죄, 범죄, 양심의 가책, 등의 개념에서 잘 나타나는데, 결국에는 병자들을 더욱 병들게 만들기 때문에 '죄스런 수단'이라고 할 수 있다. 금욕주의적 성직자는 병자들에게 고통의 원인을 스스로에게서 찾도록 만들어 고통을 개개인의 죄악에 대한 처벌로 간주하도록 설득한다. 일단, 인간이 스스로를 죄인으로 여기게 되면, 치유될 희망은 더 이상 존재하지 않고, 그 고통은 마치 전적으로 자신의 잘못 때문인 것처럼 오인된다. 그리고 우리는 이 고통을 죄책감, 공포감, 벌의 감정 등으로 재해석한다.

니체는 금욕주의적 이상의 중독 효과가 일반인들의 선량한 취향에도 적지 않은 해를 주었다고 지적한다. 예를 들면, 그가 생각하기에 지나치게 중시되고 있는 신약은 초기 기독교 교부들이 집필한 일화들의 집합체로서 구약(깊이 존중)의 말미에 덧붙여진 추록에 불과할 뿐인데도 마치 성경의 절정을 이루는 부분인 양 선언되고 있다는 것. 니체는 사실상 홀로 신약을 무시하고 있다는 점을 인정하면서도 그 악취미를 지키겠다고 단언한다.

: 풀어보기

'무리'(고통받고 원한을 품은 대중들)에 대한 니체의 분석을 이해하려면 두 가지 기본적인 사실을 명심해야 한다. 첫째, 그들은 힘(권력)이 없다. 둘째, 그들의 기본적인 동인 (動因)도 다른 모든 것들처럼 권력에의 의지다. 그들은 힘이 없으므로 권력의지는 새롭게 여정을 변경하게 되며 매번 지연되지만, 그 작동을 멈추기보다는 차라리 무라도 추구한다.

금욕주의적 성직자가 병자들에게 스스로 병든 의사로서의 역할을 수행한다고 말했던 니체의 진의는 그 성직자가 대중의 그릇된 권력의지를 이끌고 조정한다는 의미다. 여기서 제시된 세 가지 경로는 의지의 소멸, 힘겨운 노동,

죄의식이다.

'의지의 소멸'은 대개 인도철학과 관련을 맺고 있으며, 대개 쇼펜하우어에 의해 서방 세계에 들어왔다. 브라만과의 재통합을 꿈꾸는 힌두교의 이상과 해탈을 꿈꾸는 불교의 열반 사상은 모두 자아*의 소멸과 개별적 자아가 완전히 사라져 커다란 전체, 즉 대아**가 되는 것을 찬양한다. 말하자면, 물방울이 (더 커다란 물에 합쳐지는 순간부터) 자신을 더 이상 개별적인 물방울로 보지 않고 대양의 일부로 바라보는 것이다. 이것은 '아무것도 의욕하지 않기보다는 차라리 무라도 의욕하는' 전형적인 본보기에 해당한다.(허무에의 의지) 그 의지는 스스로를 거역하고, 그것이 자신의 내부에서 통제력을 행사할 수 있는 무엇(허무의지)인가를 발견하며, 그것(허무의지)이 자신에 대한 통제력을 많이 행사하면 할수록, 본래의 의지(권력에의 의지)는 점점 약해진다.

힘겨운 노동에 종사할 경우, 그 의지는 자기 내부보다는 외부의 다른 만물들을 향하지만, 결과는 동일하다. 개인은 점점 노동 자체와 노동자 공동체 속에 빠져들게 되고, 개별적 존재가 아니라 한 집단의 일원이 되며, 자신을 더

---

* **자아**(自我): 사고·의지·행위 등의 여러 작용을 수행하는 주체. 철학의 과제는 자아 탐구이며, 델포이의 잠언인 "너 자신을 알라"에 집중적으로 표현되어 있다.

** **대아**(大我): 최고의 자아. 궁극적인 실체로서의 자아, 참된 나, 즉 아견(我見)·아집(我執)을 떠난 상태. 소아(小我)는 상대적·경험적 자아.

큰 공동체에 봉사하는 존재로 보게 되면서 약화된다.

죄의식에 의해 생겨난 자기채찍질은 결국 죄의식을 키우는 결과를 초래할 뿐이다. 여기서 다시금 개인의 의지는 자신에게로 돌려져 개개의 (정상적인) 생각이나 행동을 죄스럽게 여기게 되고, 그 고통의 결과를 정당한 처벌로 간주한다.

이러한 개개의 경우, 그 의지는 행사되지만, 결과적으로는 강화되기보다는 '길들여져' 자기주장과 타인을 지배할 능력이 줄어든다. 따라서 금욕주의적 성직자는 '무리'의 '병'을 치료하기 위한 일은 아무것도 하지 않는다. 그러나 그렇다고 금욕주의적 성직자가 무리에게 자신들을 개별자로 인정하고 수긍토록 가르칠 것인가 아니면 부인토록 가르칠 것인가의 양자택일에 직면해 있는 것으로 파악한다면 실책이 될 것이다. 그는 수중에 '치료책'이 있으면서도 치료를 거부하는 것이 아니라, 무리가 자신들의 의지를 완전히 허물어버리도록 내버려둘 것인지 다른 종류의 의지 행사로 인도할 것인지의 양자택일에 직면해 있는 것이다. 니체에 따르면, 어떤 의지의 주장이든 삶을 긍정하는 행위다. 이처럼 금욕주의적 성직자가 무리에게 고무시키는 의지의 행사는 그들이 고통에서 느끼는 불쾌감을 딛고 삶을 긍정하도록 하는 것이다. 강하지 않은 자들에게 삶은 투쟁이고, 금욕주의적 성직자는 그들에게 전적인 삶의 포기가 아니라

약한 의지들의 대체 출구를 찾도록 고무한다. 그 결과, 무리는 나쁜 취향에 길들여지고 (정신적·의지적) 건강은 악화되지만 여전히 아무것도 없느니보다는 낫다.

니체가 병자들의 금욕주의적 이상이 어느 면에서는 그들에게 이롭다고 생각하는지도 모른다는 사실은 어쩌면 혼란스러울 수도 있다. 분명히 니체는 병자들, 병자들의 도덕과 원한을 경멸하고, 심지어는 드러내놓고 금욕주의적 이상이 해롭다고까지 설파하면서도 첫째 논문 13절을 감안해 보면 알 수 있듯 그 무리들을 현재 처한 상황 때문에 비난하려들지는 않는다. 즉 그들이 좀더 강해질 수 있었는데 실패했으니까 어느 정도 그 허약함에 책임이 있다는 말이 아니라, 그들에게 들러붙은 죄의식이나 책임감만 거둬버리면 그것이 바로 그들 모습이란 것이다. 니체가 병자들을 낮게 평가한 이유는 "너는 현재의 너가 아닌 다른 존재가 되어야 한다"라기보다는 "현재의 네 모습이 꼴같잖다!"에 더 가깝다. 그무리는 강해질 수 있는 선택권이 없기 때문에 금욕주의적이상이 최고의 대안일 수 있다. 이 부분에서 니체가 제기하는 반대의 핵심은 금욕주의적 이상들의 지배력이 너무 강해져서 인류 전체를 오염시켜 노예 도덕이 전혀 필요 없는 건강한 영혼들에게까지 피해를 입힌다는 사실이다.

Sections 23-28

금욕주의적 이상이 일반인들의 취미와 건강을 망쳐놓는다고 비난한 니체는 핵심 논점을 "금욕주의적 이상의 의미는 무엇인가?"로 이동시킨다. 금욕주의적 이상은 너무 강력해서 모든 인류의 역사와 경험들을 오직 그 방향으로만 해석하도록 만들 뿐 아니라 대체 해석의 가능성이나 타당성도 배제한다. 니체는 금욕주의적 이상에 의해 표출되는 의지의 괴물 같은 힘에 저항할 만한 또 다른 의지가 존재하는지를 진지하게 묻고 있다.

우선, 그는 과학이 그러한 대항의지가 될 수 있는지 심사숙고한다. 왜냐하면 과학은 신의 존재, 내세, 혹은 금욕주의 따위에 전혀 구애받지 않고 자신의 해석에 힘입어 당당히 설 수 있었기 때문이다. 그러나 니체는, 과학이 이렇게 해서 금욕주의적 이상에 성공적으로 저항했을 뿐만 아니라 오히려 모든 중요한 일에서 이미 그 이상을 지배하고 있었다는 주장에는 반대한다. 과학에는 금욕주의적 이상을 특징짓는 적극적인 의지가 없고, 과학이 어떤 것에 대한 정열, 사랑, 고통 등을 불러일으키는 경우에도 금욕주의적 이상의 반대가 아니라 그것 자체의 최근의 실현으로서만 나타날 뿐이다.

모든 종류의 근거 없는 믿음을 거부하는 학자들이 독립된 의지를 지닌 것처럼 보일지도 모른다. 그들은 증거와 엄밀한 추론을 요구하고, 주장의 근거를 신에 대한 믿음이나 종교적 독단(교리) 따위에 두기를 거부한다. 그러나 니체에 따르면, 학자들이 그 신념들을 포기하는 까닭은 또 다른 믿음, 즉 진리에 대한 믿음을 선호하기 때문이다. 이처럼 진리를 믿고 있는 한, 그들은 진정한 자유정신의 소유자로서 "진리는 없다. 모든 것이 허용된다"란 말을 할 수 없다.

진리에 대한 강박관념에 사로잡힌 과학은 단지 사실들과 그것들 사이의 관계법칙만 중시한다. 해석이란 진리에 대한 (다소의) 왜곡, 진리를 바라보는 특별한 방식에 의존하고, 따라서 절대 진리에 대한 믿음은 순수하고 해석되지 않은 사실들을 요구한다. 자유로운 해석을 삼가는 과학자들의 자제력은 마치 금욕주의적 성직자의 순결만큼이나 그들의 금욕주의적 이상을 잘 표현해 준다. 진리의 절대적이고 형이상학적인 가치에 대한 과학의 믿음은 본질적으로 금욕주의적 이상에 대한 믿음인 것이다. 다른 모든 것들처럼 과학도 동기를 부여하고 이끌어줄 하나의 의지, 즉 '믿음'이 필요하다. 엄격히 판단하면, '무전제의' 과학은 존재하지 않는다. 그 학자들은 자신들이 어떤 의지에 조종당하도록 내버려두는 것은 금욕주의적 이상들의 표명에 불과하다는 말을 받아들이지 않는다.

심지어 진리라고 하더라도 맹목적으로 신뢰해서는 안 된다. 우리는 진리가 그 자체로 정당성을 지닌다고 생각하는 경향이 있는데, 마치 종교인들이 '신'이란 단어를 정당성 자체로 취급하는 것과 비슷하다. "진리를 향한 의지는 비판이 필요하고 … 진리의 가치 역시 한 번은 실험적으로 문제 삼아야 한다." 심지어 진리에 대한 우리의 믿음마저 그 정당성을 검증받을 필요가 있다.

과학은 가치를 창출하지 않고, 항상 다른 가치들에 기여하는 형태로만 존재하므로 금욕주의적 이상에 적대하는 힘이 될 수 없다. 오히려 양자는 진리란 평가하고 비판할 수 없다는 똑같은 믿음 위에 서 있는 동맹 관계다. 과학은 종교에 반하는 듯이 보일 수도 있지만, 단순히 존재를 정당화하고 설명해 주는 절대적이고도 초월적인 근거로서의 신을 진리로 대체시켰을 뿐이다.

진리에의 의지를 가진 과학은 금욕주의적 이상과 정반대되는 것이 아니다. 니체에 따르면, 적대적인 힘은 과학이 금욕주의적 이상을 극복하려는 경우, 즉 진리에의 의지의 의미가 회의(懷疑)의 대상이 되는 경우에 작용한다.

니체는 인간의 문제는 고통이 아니라, 고통에 의미를 주어야 하는 것이라고 주장하면서 결론에 돌입한다. 인간이 금욕주의적 이상에 매달리는 이유는 그것이 우리에게 삶과 왜 우리가 고통스러워야 하는지를 설명해 주기 때문이다. 금욕주의적 이상들은 인간의 의지를 쾌락, 행복, 미, 심지어는 삶 자체에 거스르도록 이끈다고 하더라도 여전히 하나의 의지다. 니체는 제3논문의 서두를 열었던 논점으로 돌아가 끝을 맺는다. "인간은 아무것도 의욕하지 않기보다는 차라리 무라도 의욕한다."

:풀어보기

우리는 제2논문 12절에서 모든 의미, 모든 해석, 모든 효용이 단지 어떤 사물에 대해 작용하는 권력의지의 표상일 뿐이란 니체의 언급을 기억할 것이다. 해석이란 가치중립적인 행위가 아니라, 어떤 사물을 일정한 관점이나 일정한 방식으로 바라보는 지적인 행위다. 관점은 그 사물에 대해 특별한 의미나 해석을 부여하고, 만약 특별한 의미나 해석이 그것과 불가분하게 연결되어 있는 것처럼 보인다면, 특별한 관점이 압도적인 설득력을 갖게 되었다는 뜻이 된다.

해석에도 하나의 의지가 필요하다. 하나의 특별한 관점이 압도적 설득력을 얻게 되는 경우, 그러한 해석을 의욕하는 매우 강한 의지가 존재하고 있는 것이 분명하다. 니체는 금욕주의적 이상을 모든 삶, 모든 존재, 모든 역사의 구체적 해석을 지배하는 어마어마하게 강한 의지로 여긴다. 금욕주의적 이상은 인간에게 스스로를 죄인으로 여길 것을 요구하며 삶을 고통으로 보도록 강요하고, 강한 자들은 사악하고 나약한 자들은 선하다고 여기며, 금욕주의적인 생활방식과 세속적인 쾌락의 자제를 처방한다. 너무도 강하고 지배적인 이 의지는 마치 그것만이 유일한 참된 의지요 참된 해석이라고 단호히 주장하며 절대 진리인 양 으스댄다.

　니체는 세상에는 만물을 조종하는 의지가 있으며 과학도 예외가 아니라고 주장한다. 과학은 그 자신의 권력의지가 없기 때문에 홀로 설 수 없고, 사실들을 기록하면서 주관적인 해석을 피한다. 본질적으로 연구 대상에 대해 어떤 의지를 관철시키거나 특별한 관점에서 해석하기를 거부하는 것. 그렇다고 해서 과학을 조종하는 의지가 존재하지 않는다는 의미는 아니고, 금욕주의적 이상과 정반대 입장이란 의미는 더욱 아니다. 그보다는 과학이 독립적이지 못하며 배후에 숨겨진 어떤 다른 의지에 의해 조종되고 동기가 부여된다는 뜻이다.

　니체는 이 의지를 진리에의 의지와 동일시한다. 과학은 모든 주관적인 해석을 거부하고 진리를 위해 모든 (독단적인) 믿음에 의문을 제기한다. 그러나 니체는 과학이 진리

자체의 가치에 대해서는 결코 의문을 제기하거나 의심하지 않는다는 사실을 날카롭게 지적한다. 이처럼 절대 진리에 대한 굽힐 줄 모르는 과학적 믿음은 절대 신에 대한 금욕주의적 성직자의 무조건적 믿음의 위장과 다를 바 없다.

니체는 수많은 무신론 학자들이 종교를 공격하는 바로 그 근거에 입각해 과학을 비판한다. 즉 충분한 증거가 제시되지 않은 기본적 이론이나 가설들을 지나치게 믿는다는 것. 종교인들이 신에 대해 결코 의문을 품지 않는 것처럼 학자들 역시 진리에 대한 믿음을 결코 회의(懷疑)하는 법이 없다. 니체가 꼽는 강한 지적 양심의 표상이란 세상만물과 모든 관념을 두려움 없이 자유롭게 의심하고, 근거 없는 믿음 따위에 전혀 의존하지 않는 의지가 충만한 자유인의 모습이다. 매우 강렬한 지적인 양심은 드러난 사실조차 함부로 신뢰하지 않으면서 학자적인 진리추구도 의문을 갖고 정당성을 따지려고 들어야 한다.

이 일을 니체의 관점주의가 효과적으로 정확히 수행하고 있다. 니체는 인간들이 하나의 사물을 바라볼 때, 금욕주의적 성직자처럼 어느 특정 방향에서만 관찰할 것을 요구하지 않고, 자기가 그 학자처럼 하나의 사물을 완전히 객관적이고 중립적인 조건에서 바라본다고 주장하지도 않는다. 대신, 니체 자신을 포함해서 어떤 사물이든 되도록이면 다양한 관점에서 관찰할 것을 촉구한다. 그래야만 인간은 진리에 대해 특정한 해석에 지배되지 않는 가장 공정하고도 객관적인 청사진에 도달할 수 있다. 니체의 관점주의는 아주 고집스러울 정도로 하나의 사물을 관찰할 수 있는 절대적 진리나 '정확한' 관점이 존재한다는 사고방식을 철저히 배격한다. 니체에게 절대적 진리란 하나의 어떤 주관적 해석이나 가설 따위가 의심스러우리만치 설득력을 얻게 되는 경우를 말할 뿐이다.

이 관점주의는 앞에서 언급했듯 포스트모더니즘적인 사고에 지대한 영향을 미쳤다. 데리다는 유럽의 지적 전통이 '현존 형이상학'에 근거하고 있다며 그것 전체를 비판했다. 즉 유럽의 지적 전통이 신, 진리, 확실성, 등, 어떤 절대적 근거들에 대한 (감정적) 호소를 통해 절대적 권위를 내세우는 독단에만 흠뻑 젖어 있다는 것. 인간들, 특히 유럽인들은 확실성과 절대성이란 개념에 너무 사로잡힌 나머지 이 절대적인 것들의 가치에 대해 회의하지 못하고 있다. 이처럼 명백하게 포스트모더니즘을 표방하는 데리다와 당대 철학자들은 니체의 덕을 아주 톡톡히 보았다.

Review

다음 질문에 대해 간단히 서술하시오.(一부분은 참고만 할 것)

1. **도덕의 '기원'에 대한 두 가지 다른 견해를 설명하라.**

— 도덕의 '기원'에 관한 두 가지 견해는 푸코의 논문 "니체, 계보, 역사"에서 깔끔하게 밝혀지고 대조된다. 니체는 사물들이 존재하게 되는 창조의 순간을 '기원'들로 간주하는 부류를 비판한다. 이를테면, 우리가 인간의 기원을 자연스럽게 창조된 아담과 이브의 이야기에서 찾는 것과 같은 부류다. 니체는 사물들이 오랜 기간 동안 서로 얽히면서 서서히 현재의 형태와 의미로 발전하게 된다는 계보학적인 부류의 기원론을 선호한다. 이것은 우리가 연쇄적인 느릿느릿한 변이의 결과를 통해 현재 상태에 이르렀다고 하는 인간의 기원에 관한 진화론적인 설명에서 볼 수 있다. 니체는 전자의 해석이 어떤 점에서는 '사물'을 절대적인 것으로 보기 때문에 싫어한다. 예를 들면, 아담과 이브의 신화에서는 '인간'을 불변이라고 본다. 인간은 지금 모습 그대로 창조되었으며, 항상 똑같은 목적들, 동인(動因), 의지들을 가지고 있다는 것이다. 니체에 따르면, 하나의 사물은 수없이 다른 의미를 지닐 수 있고, 존재하는 동안에는 수없이 다른 동인과 의지들에 의해 지배된다. 그리고 이렇게 다른 의미와 의지들은 즉각적인 창조보다는 점진적인 계보를 조장한다는 것.

2. 당신은 왜 니체가 기사적-귀족적 규약보다 성직자적인 도덕률을 더 '흥미롭게' 고찰할 것이라고 생각하는가?

— 기사적-귀족적 규약은 니체가 말하는 '금발의 야수들'과 야만인들의 그것이다. 이들은 아직도 동물적 본능에 의해 지배되고, 거침없이 자유롭게 공격적이고 잔인한 본성을 풀어 놓을 수 있다. 성직자적인 도덕률은 동물적 본능과 공격성을 더 이상 멋대로 할 수 없는 힘없는 사람들에 의해 발전된다. 이들은 그 공격적인 본능들을 자기 내면으로 돌려 자기를 고문하고 자기와 투쟁함으로써 내면적인 삶과 '영혼'을 발전시킨다. 이러한 자기고문에는 아주 병적인 무언가가 있지만 인간을 '흥미로운' 존재로 만들고, 다른 동물들과 구별되게 해준다.

3. 르상티망의 개념을 설명하라. 그것은 주인 도덕의 경멸과 어떻게 다른가?

— 르상티망(ressentiment)은 'resentment'의 불어 표현으로, 노예 도덕에서 가장 우세한 방식이다. 자신들을 아프게 하는 주인들에게 직접 복수할 힘이 없는 노예들은 대신 주인들에게 르상티망(원한)을 느낀다. 이것은 주인들에 대한 증오가 취하는 모습이다. 주인들이 노예들에게 갖는 증오는 원한보다는 경멸의 형태를 띤다. 그들은 노예들을 약하고, 건강하지 않고, 불쾌한 존재로 무시한다. 르상티망과 경멸은 의미심장하게 세 가지 점에서 다르다. 첫째, 노예들의 르상티망은 그들의 도덕을 조정하는 강력하고 지배적인 감정인 반면, 주인들의 경멸은 그들에게 커다란 흥미를 불러일으키지 않는 나중에 갖는 생각이다. 둘째, 르상티망은 니체가 '반동 작용'이라고 부르는 것이다. 즉 주인들의 행동에 대한 반발로 생겨난다는 것. 주인들의 경멸이 자연스럽게 튀어나오

는 데 반해, 노예들의 르상티망은 주인들이 그들에게 강요한 고통에 의해 어느 정도 조종된다. 셋째, 르상티망은 주인들이 '악하다'는 의미로 쓰이는 반면, 경멸은 노예들이 그저 '나쁘다'는 의미로 쓰인다.

4. '행위' 뒤에 '행위자'가 없다는 니체의 주장이 갖는 개인적 정체성에 관한 철학의 결과를 탐구하라. 만약 우리가 주체들이 아니라면 내가 다른 사람들과 독립되었다는 말을 어떤 식으로 할 수 있을까?

5. 권력에의 의지를 설명하라. 그것은 노예 도덕에서 어떻게 작동하는가? 주인 도덕에서는?

6. 니체는 양심의 가책의 기원을 무엇이라고 보는가?

7. 관점주의와 그것이 니체 철학에서 갖는 중요성을 간단히 설명하라?

8. 금욕주의적 성직자와 대중 사이의 관계를 설명하라. 금욕주의적 성직자가 '의사' 역할을 하는 부분은?

9. 니체는 금욕주의적 이상에 적대할 수 있는 의지를 무엇이라고 생각하는가? 그리고 그는 양자 사이의 관계를 어떻게 인식하는가?

10. "인간은 아무것도 의욕하지 않기보다는 차라리 무라도 의욕한다"는 니체의 말이 갖는 의미는?

다음 질문에 알맞은 답을 고르시오.

1. **니체가 열세 살 때 도덕의 기원이라고 단정한 것은?**
    A. 다윈
    B. 신
    C. 태양
    D. 노예

2. **니체에 따르면, 〈도덕의 계보〉 이전에 읽어야 할 책은?**
    A. 성경
    B. 찰스 다윈의 〈종의 기원〉
    C. 키런 이건의 〈교육된 정신〉
    D. 니체의 이전 저서들 전부

3. **니체가 '나쁜'과 유사하다고 지목한 단어가 아닌 것은?**
    A. 자선
    B. 가난
    C. 허약
    D. 병

4. **니체가 '좋은'과 유사하다고 지목한 단어가 아닌 것은?**
    A. 사랑
    B. 권력(힘)
    C. 진리
    D. 전쟁

5. 영국 심리학자들이 '좋은'이란 개념의 원천으로 단정한 것은?

   A. 권력(힘)

   B. 증오

   C. 효용성

   D. 사랑

6. 니체가 노예 도덕이 만들어낸 것 가운데 최고로 꼽는 것은?

   A. 르상티망(원한)

   B. 유대주의

   C. 악

   D. '금발의 야수들'

7. 다른 모든 개념들이 추종하는 개념과 달리 노예 도덕의 바탕이 되는 개념은?

   A. 사악한

   B. 좋은

   C. 나쁜

   D. 구원자로서의 예수

8. 양을 죽이는 행위 뒤의 궁극적인 '행위자'는 누구인가?

   A. 맹금류

   B. 신

   C. 질 들뢰즈

   D. 행위 뒤에 '행위자'는 없다.

9. 우리에게 영혼의 존재를 믿게 만드는 것은?

   A. 문법

   B. 신

C. 주인 도덕

D. 내세에 대한 지식

10. 니체가 터툴리안으로부터 인용한 문장의 주요 초점은?

A. 죄인들의 구원

B. 저주받은 자들에 대한 처벌

C. 맹금류에 대한 비난

D. 신의 눈으로 올바르게 행동하는 방법

11. 니체가 단어 '죄'의 기원과 연관 짓는 단어는?

A. 양심

B. 처벌

C. 빚

D. 숙명

12. 다음 중에서 범죄자에 대해 행사하는 힘의 최고 표현은?

A. 자비

B. 체벌

C. 정신적 처벌

D. 정의가 해결하도록 내버려둠

13. 다음 중 처벌의 '의미'가 아니었던 것은?

A. 빚의 상계

B. 힘을 과시하는 축제적 의식

C. 범죄자에게 양심의 가책을 불러일으키기

D. 미래의 불행 방지

14. 다음 중 고대인들이 가지고 있지 않았던 것은?

A. 좋은 기분

B. 죄의 개념

C. 동물적 본능

D. 내면적인 삶

15. 근대 사회가 극복하기 위해 노력한 것은?

A. 고대의 잔인성

B. 동물적 본능

C. 르상티망(원한)

D. 죽음에 대한 두려움

16. 동물 상태로부터 조직화된 공동체로 전이된 방식은?

A. 공통의 두려움이 사람들을 결속시켰다.

B. 사람들이 모여 모두에게 혜택이 돌아가는 사회계약을 만들었다.

C. 식량이 부족해지면서 더 큰 조직이 필요해졌다.

D. 포학한 소수가 폭력적으로 사람들에게 공동체를 만들도록 강요
했다.

17. 다음 중 사람들이 자신의 종족 조상들에게 갖는 부채 의식의 표현
이 아닌 것은?

A. 조상 숭배

B. 십자가 위에서의 예수의 죽음

C. 신들에게 제물을 바침

D. 원죄

18. 예술가들에게 금욕주의적 이상의 의미는?

A. 힘의 감정을 최대화시킨다.

B. 그들의 의지를 소멸시킨다.

C. 본질적으로 무의미하다.

D. 다른 사람들을 지배할 수 있게 해준다.

19. 니체는 누구의 미의 정의를 가장 높이 보는가?

A. 스탕달

B. 쇼펜하우어

C. 칸트

D. 바그너

20. 니체는 금욕주의적 이상을 궁극적으로 어떻게 해석하게 되는가?

A. 퇴화하는 삶에 대한 보호본능으로

B. 자기모순으로

C. 삶의 정반대로

D. 예술의 궁극적인 표현으로

21. 다음 중 궁극적으로 금욕주의에 대해 참이라고 생각되는 것은?

A. 힘의 표현이다.

B. 건강의 표현이다.

C. 행복의 표현이다.

D. 삶의 긍정이다.

22. 다음 중 니체가 무리들이 느끼는 불쾌감을 완화시키는 수단으로 생각하지 않는 것은?

A. 힘겨운 노동

B. 의지의 소멸

C. '감정의 방탕'

D. 타인에 대한 잔인성

23. 다음 중 니체가 싫어하는 책은?

A. 구약 성서

B. 신약 성서

C. 우파니샤드

D. 일리아드

24. 과학이 의존하는 믿음은 무엇인가?

A. 과학은 객관적이고 모든 믿음에 의문을 제기한다.

B. 진리에 대한 믿음

C. 신에 대한 믿음

D. 니체에 대한 믿음

25. 다음 중 니체가 금욕주의적 이상과 연관 짓지 않는 것은?

A. 과학

B. 절대 진리에 대한 믿음

C. 세속적 쾌락의 절제

D. 진리에의 의지에 대한 비판

정답

1. B   2. D   3. A   4. A   5. C   6. C   7. A   8. D   9. A   10. B

11. C   12. A   13. C   14. D   15. B   16. D   17. B   18. C   19. A   20. A

21. D   22. D   23. B   24. B   25. D

一以貫之
논술노트

〈도덕의 계보〉와 만나기까지 ○

실전 연습문제 ○

一以貫之는 '논어'에 나오는 말로 '모든 것을 하나의 이치로 꿴다'는 뜻입니다.

논술의 주제와 문제 유형, 제시문들은 참으로 다양하고 가지각색입니다. 그러나 그 모든 것을 하나로 꿸 수 있습니다. '인간사회의 보편적 문제들에 대한 근원적인 물음에 답하는 자기 나름의 견해'라는 것이지요. 논술은 인간이면 누구나 부닥치는 개인적 또는 사회적 문제들에 대한 자기 나름의 고민이자 성찰입니다. 논술은 자기견해, 자기 가치관, 자기 삶에 대한 솔직한 고백입니다.

一以貫之 논술연구모임은 '자신의 물음'과 '자신의 생각'을 갖고 '자신의 글'을 쓸 수 있도록 도와줍니다.

〈집필진〉
정계화, 김재년, 이호곤, 우한기, 박규현, 김법성, 김병학, 도승활, 백일, 우효기, 조형진

〈도덕의 계보〉와 만나기까지

　〈도덕의 계보〉는 매우 어려운 책이다. 우선, 독자들에게 좀처럼 이해를 허락하지 않는다. 쉴 새 없이 몹시 낯설고 생소한 개념들과 부딪치는 것. 주인 도덕, 노예 도덕, 양심의 가책, 금욕주의적 이상, 생물학, 힘(권력) 등등의 개념이 바로 그렇다. 니체가 이 개념들에 부여한 의미를 추적하는 일 자체도 만만치 않은데, 이 개념들의 함의는 조금씩 변하기까지 한다. 따라서 독자는 이 개념들에 담긴 함의를 매번 새로 가늠하면서 읽어가야 한다.

　이런 류의 어려움은 그런대로 참아줄 만하다. 철학 문헌들 중에는 이보다 더한 것도 많으니까 열심히 반복해서 읽다보면 어느 정도 해소의 기미가 보인다. 그러나 선량한 독자들을 더욱 괴롭히는 어려움은 니체 특유의 글쓰기 방식에서 유래한다. 그는 보통 사람들이 가지고 있는 논증 방식을 완전히 무시한다. 그의 글에는 일정한 틀과 맥이 전혀 보이지 않는다. 언제나 '들쭉날쭉'이며 '왔다갔다' 한다. 도대체 무슨 말을 하려는 것인지 종잡을 수가 없다. 심할 때는 무슨 잠꼬대를 듣는 것 같은 느낌을 주기까지 한다. 솔직히 말해 만약 누군가가 논술시험에서 니체처럼 쓴다면 그야말로 낙제는 따논 당상이라고 봐야 한다. 독자들이 항상 부딪치게 되는 문제는 "왜 여기서 이 사람이 이런 말을 하지?"이다. 도통 알아먹을 수가 없으니 매번 추측하면서 읽을 수밖에 없다. 그래서 책을 읽으면서도 언제나 불안하다. "아, 이거였구나!"대신 "이거 맞는 거야?"하는 불안에 끊임없이 내몰린다. 불안이 오래 지속되면 사람은 지치고, 급기야 책읽기를 포기한다.

평소 철학 문헌에 익숙한 독자라면 아마도 그 모든 불안 속에서도 끝까지 이 책을 읽어낼 것이다. 그러나 〈도덕의 계보〉는 좀처럼 산 정상에서 바라보는 것과 같은 조망을 허락하지 않는다. 다 읽었으면 뭔가 시원한 전경을 선사하는 것이 상례인데, 전혀 그런 맛이 없다. 3장의 커다란 주제들, 주인 도덕, 노예 도덕, 양심의 가책, 그리고 금욕주의적 이상은 어찌 보면 서로 연관되어 있는 하나의 문제를 다루는 것 같기도 하고, 또 어찌 보면 독립적인 주제들을 말하고 있는 것 같기도 하다. 도대체가 전체적인 연관성을 허락하지 않는다. 사실 이 의문은 아주 중요하다. 어느 숲에 와 있는지, 어느 마당에서 노닐고 있는지의 공간 감각을 독자에게 허락하지 않는 책처럼 난감한 경우도 없기 때문이다. 〈도덕의 계보〉는 바로 그런 책이다. 따라서 책을 완독한 독자로 하여금 무엇인가 자신의 이해를 선뜻 말하기 매우 곤란하게 만든다. 사실, 이 책의 학문적 가치를 아주 높이 평가하는 사람들조차 이 점에 관해서는 의견이 매우 분분하며, 학자들마다 니체의 수용 방식에서 편차를 보인다. 이것은 〈도덕의 계보〉를 총괄적으로 이해하는 바가 전문가들 사이에서도 다르다는 것을 말해 준다. 단적으로 말하면, 전문가들에게조차 어떤 공통의 조망을 거부하는 것.

그러나 〈도덕의 계보〉는 단지 여기서 그치지 않고 독자들에게 전혀 새로운 종류의 어려움을 던져준다. 이 어려움은 책의 내용과는 전혀 상관없는 일종의 당혹감과 난감함에서 기인한다. 아주 기이한 방식으로 독자들을 난감하고 몹시 당혹스럽게 만드는 것이다. 마치 어째서 내 책상 왼편에는 항상 컴퓨터가 놓이고 오른편에는 프린터가 놓여 있는지를 묻게 될 때 느끼는 그런 당혹스러움이다. 여기에 무슨 이유가 있는가? 단지 항상 그래왔고 또 그게 내게 익숙하다는 것 이외에. 그런데 〈도덕의 계보〉는 그 당연함을 자꾸만 묻는다. 우리는 왜 부모를 공경해야 하고, 친구 간에 신의를 지켜야 하며, 계약은 반드시 이행되어야 하는가? 독자들이 찾을 수 있는 답이라야 고작 동어반복적인 그야말로 답이라고 할 수 없는 답만을 내놓을 수 있을 뿐이다. "부모니까!", "원래 친구 관계는 신의를 전제하니까!" 또는 "이미 계약을 했으니까!" 이처럼 지극히 당연한 일을 묻기 시작하면 사람들은 난처해하고 당황한다. 마치 도저히 뭐라고 답할 수 없는 어린아이의 황당한 질문들을 받게 될 때 느끼는 그런 당혹스러움. 이 난처함과 당황스러움이 계속되면 불쾌감을 느끼게 되고, 불쾌감이 지속되면 사람들은 급기야 책읽기를 중단한다.

〈도덕의 계보〉에서 독자들은 일상의 당연함이 파기되는 당황스러움의 또 다른 변주를 무수히 경험한다. 그것은 〈도덕의 계보〉가 보여주는 황당함으로, 일반적이고 보편적인 윤리상식을 사정없이 깔아뭉갠다. 사람은 교육을 통해서건 사회생활을 통해서건 소위 보편적인 윤리 관념에 따라 판단과 행위의 체계를 형성하고 습득하며 이것이 굳어지면 일종의 신념과 양심이 된다. 자연스럽게 하는 것과 하지 않는 것이 구분되며 누군가가 여기에 어긋나는 행동을 하면, 즉 이 구분에 맞지 않는 것을 하게 되면 사람들 심기가 불편해지며 눈살을 찌푸리게 되고, 좀 힘이 센 경우라면 곧장 제지에 나선다. 이런 제지는 정당한 일이나 올바른 일, 나아가 좋은 행위로 평가된다. 왠지 〈도덕의 계보〉는 이런 구분에 따르는 것 같지 않다. 우리는 왜 약자를 보호해야 하고, 남녀를 동등하게 대우해야 하며, 이웃과 평화롭게 살아가야 하고, 모든 인간은 왜 생래적으로 평등한가를 추궁당하는 것이다. 당황스러운 질문이 아닐 수 없다. 평소 윤리 시간에 졸지 않고 수업에 충실했던, 그래서 이 모든 일이 공동체의 유지·발전을 위해 필요하고 유용하며 권장될 만한 가치가 있다고 배워왔던 모든 사람의 기분을 언짢게 만든다. 〈도덕의 계보〉는 읽는 사람들의 기분을 확 상하게 한다. "그럼 하지 말라고?"

그리고는 단지 읽는 사람의 기분을 상하게 하는 데서 그치지 않는다. 자꾸 읽다보면 현대의 삶을 살아가는 독자들은 왠지 자신이 속된 말로 '찌질이'나 못난이가 된 것 같은 느낌을 받는다. 〈도덕의 계보〉는 일견 약자를 보호하고 남녀를 평등하게 생각하며 되도록 이웃과 평화롭게 지내려는 감정을, 일반적으로 사람들이 좋은 가치라고 여기는 것을 '노예근성의 나쁜 도덕'에서, '병든 생각'에서, 그리고 '인간을 무시하는', '인간성에 반하는', '인간됨을 포기하는' 생각에서 유래하는 것으로 말하는 듯 보인다. 더 나아가 호전적인 사고, 남녀 차별, 인종주의적인 차별을 선호할 만한 가치로 소개하는 것처럼 보인다. 사정이 이쯤 되면 단순한 불쾌감은 기계적인 거부반응을 일으킨다. 그리고 책을 읽으면서 이런 거부반응을 수없이 경험하다보면 악감정이 싹트게 되고, 니체 특유의 문투에서 느껴지는 잘난 체와 맞물리면 악감정을 뛰어넘어 폭력적으로까지 된다. "그래 너 잘났다! 이 미친놈아!!" 알 수 없는 분노에 휩싸인 독자들은 급기야 책을 내던진다. 10여 년 전에 바로 내가 그랬다. 그때까지는 아마도 나는 '선량한' 사람이었나 보다.

간략하게 요약하자면 〈도덕의 계보〉는 독자들의 심기를 매우 불편하게 만드는 책이다. 잘 이해가 되지 않는 개념과 문장들, 일반적 논증을 무시하는 글쓰기, 일상의 당연함을 끈질기게 추궁하는 문제의식, 나쁜 가치들을 선동하는 모난 세계관. 마치 사람들이 철학책을 즐겨 읽지 않는 이유를 모두 한데 모아놓은 것 같은 책. 〈도덕의 계보〉를 읽고 무엇인가를 얻으려는 사람들은 이 모든 요소들에서 발생하는 어려움들에 맞서야 하고 그것을 넘어서야 한다. 니체 특유의 애매모호한 개념들의 안개 속을 끊임없이 더듬고 나가는 동시에 니체의 혼란스러운 사상들에서도 평정심을 잃지 말아야 한다. 이 두 가지 어려움을 슬기롭게 극복하지 못하면 도통 이해되지 않고 아주 불온한 책일 뿐이다.

▌중요한 성찰, 그리고 스스로 철학하기

과연 〈도덕의 계보〉는 전술한 어려움을 이겨내고 읽어야만 할 책인가? 과연 이렇게 해서라도 읽을 만한 가치가 있는 책인가? 꼭 그렇지는 않다. 〈도덕의 계보〉를 한 권의 불온서적으로 규정한다고 한들 우리네 삶에는 아무런 영향이 없다. 그리고 〈도덕의 계보〉에서 말한 것을 모른다고 해도 나의 삶이 문제가 되는 것은 아니다. 물고기에게 물이 없으면 당장 문제가 되겠지만, 그렇다고 물고기가 물의 속성을 모르는 것은 하등의 문제가 되지 않는 것과 마찬가지다. 나를 둘러싸고 있는 사회적 환경이 어떤 속성의 것인지를 모른다고 해서 내가 삶을 영위하지 못하는 것은 아니다. 나는 그냥 내가 속한 공동체가 보편적인 가치로 규정하는 것들에 따라 살면 된다. 적어도 인류를 지배해온 욕망들 가운데 한 가지 욕망, 즉 알고자 하는 욕망을 무시하면 하등 문제될 것이 없고, 물고기마냥 살아가면 된다. 이런 삶이 권장될 만하다고 말할 수는 없지만 그렇다고 비난의 대상은 아니다. 이런 삶은 그야말로 니체의 말처럼 '선과 악을 넘어서'에 있다.

그러나 어떤 이유에서든 이 앎의 욕망을 꺾을 수가 없다면, 그래서 우리는 어떤 존재이고, 어디에서 살아가고 있으며, 또 어디로 가고 있는지를 알고 싶은 욕망을 주체할 수 없다면, 〈도덕의 계보〉가 던지는 질문들을 심각하게 받아들여야 하고, 그 질문에 찬성하든 반대하든 나름대로의 답을 마련할 수 있어야 한다. 〈도덕의 계보〉가 단순히 일반 독자의 심기를 건드리며 불편하게 만들고 괜스레 악감정을 불러일으킨다고 해서 질문의 가치를 폄훼해서는 안 된다. 만약 그렇다면, 정당한 폄훼 사유가 되지 않는, 즉 폄훼를 위한 치졸한 변명일 뿐이다. 그런 경우, 니체는 아마도 다음과 같이 추궁하려 들 것이다. "그대는 악감정의 원인을 왜 모르는가? 왜 내 책은 '괜스레' 악감정을 불러일으키는가? 악감정이 든다면 그것은 내가 제기한 문제들이 옳다는 반증이 아닌가? 악감정이 든다는 것은 이미 당신이 노예근성에 사로잡힌 도덕관념을 가지고 있기 때문이며, 또 당신이 병들어 있기 때문이 아닌가?"

조금 돌아가 보자. 영화 〈플레젠트빌 *Pleasantville*〉에서 현실계의 두 주인공이 좋은 일만 벌어지는 드라마의 세계로 들어간다. 그 세계는 아주 신비롭다. 플레젠트빌에서는 '나쁜' 일은 결코 일어나지 않는다. 일단, 그곳에는 흐린 날이 없다. 항상 화창하게 맑은 날 뿐이다. 그곳 고등학교 농구팀이 던지는 슛은 언제나 골인이다. 이 팀이 지는 법은 없다. 그곳에서는 그 어떤 분쟁이나 갈등도 생기지 않는다. 모두가 웃는 얼굴이고 모두가 즐거운, 말 그대로 플레젠트빌이다. 그런데 그곳에는 색깔이 없다. 모든 것은 흑백으로만 투사된다. 현실계의 두 주인공은 드라마 세계의 사람들이 도저히 이해할 수 없는 질문들을 해가며 갈등과 분란을 일으킨다. 싸움이 일어나고 분쟁이 발생한다. 갑자기 비가 오기 시작한다. 사람들은 아픔과 슬픔을 배워가고 달콤한 카타르시스를 경험한다. 불행해지기 시작했지만, 세상은 색깔을 얻기 시작한다. 현실계의 주인공들이 흑백세계의 질서에 반기를 들며 처음으로 던진 질문은 "플레젠트빌 바깥에는 무엇이 있나요?"였다. 그곳 사람들은 당연히 질문 자체를 이해하지 못하고, 대답은 언제나 "플레젠트빌 바깥에는? 그렇죠, 플레젠트빌이 있지요"였다. 과연 우리들은 플레젠트빌의 주민들과 많이 다른가? '부모니까' 당연히 공경해야 하고, '친구니까' 당연히 신의를 지켜야 하고, '이미 계약을 했으니까' 당연히 이행해야 한다. 왜 이 당연함을 문제 삼아야 한단 말인가? 내가 경험하는 세계의 질서는 너무도 당연한데 왜 그 외부를 말하는가?

많은 사람들은 당연하다고 생각하기 때문에 또 잘 알고 있다고 믿는다. 그러나 그들이 잘 알고 있는 사실은 "당연한 어떤 것을 해야 한다"라는 것이지 "왜 그것이 당연한가?"는 아니다. 그러나 엄밀히 따지면, 둘 사이에는 보통 사람들이 부여하는 인과관계는 성립하지 않는다. 이런 점에서 니체는 인식자들조차 자기 자신을 잘 모르고 있다고 말한다. 그가 한 말에 직접 귀 기울여 보자.

우리는 자기 자신을 잘 알지 못한다. 우리 인식자들조차 우리 자신을 알지 못한다. 여기에는 그럴 만한 충분한 이유가 있다. 우리는 한 번도 자신을 탐구해 본 적이 없다. … 우리는 필연적으로 우리 자신에게 이방인이다. 우리는 우리 자신을 이해하지 못한다. 우리는 우리 자신을 혼동하지 않을 수 없다. "모든 사람은 자기 자신에 대해 가장 먼 존재이다"라는 명제는 우리에게 영원한

의미를 지닌다.—우리 자신에게 우리는 '인식하는 자'가 아닌 것
이다.(337-338쪽. 이하 쪽수는 〈도덕의 계보〉 김정현 역 책세상)

이것은 유클리드 기하학에서 직관의 명백함을 의문시
하지 않는 것과 유사하다. 두 점 사이의 최단거리가 직선임
을 어떻게 의심할 수 있단 말인가? 그러나 그것은 왜 당연
한가? 리만의 기하학은 바로 이렇게 황당한 질문에서 출발
했다. 그 당연함의 이면에는 과연 무엇이 존재하고, 어떤 역
사적 과정이, 어떤 사회적 기제들이 작용하는가? 당연함을
문제시하고 그것의 이면, 바깥을 묻는 것에서 인간의 과학
적 사유는 시작된다. 이런 점에서 〈도덕의 계보〉는 철저하
게 과학적이며, 처음부터 끝까지 철학적이다. 엄밀하게 따
지면, 이 책이 던지는 핵심적인 질문은 당연함의 외부에는
과연 무엇이 도사리고 있느냐이다. 우리가 부모를 공경해야
하는 것의 이면에는 어떤 역사적 경험들이 축적되어 있으며,
어떤 금지와 허락의 질서가 작동하고 있는가? 〈도덕의 계
보〉는 엄밀히 따지면—그리고 이 엄밀함에는 니체도 복종
해야 한다. 그의 말대로 '파우스트가 괴테가' 아니며, '호머
가 아킬레스'(457쪽)가 아니라면, 즉 〈도덕의 계보〉가 니체
가 아니라면—좋은 가치 자체를 무턱대고 부정하지는 않는
다. 좋은 가치를 당연히 '좋은 것'이라고 받아들이는 행위
를 부정하고 의심하는 것이다.

〈도덕의 계보〉가 만약 그 어떤 의미에서 '위험한' 책이라면 바로 많은 사람들이 잘 알고 있다고 믿는 것에 관해 끊임없이 질문을 던지기 때문이다. 마치 플레젠트빌 주민들의 심기를 현실계의 두 주인공은 "플레젠트빌 밖에는 무엇이 있는가?"라는 질문으로 끊임없이 건드린 것처럼. 철학적 사유는 이렇게 우리가 그 어떤 당연함에서 보통 생각하지 않는, 생각지 못하는 질문을 던짐으로써 시작된다. 철학의 가치가 정녕 이러한 질문 행위에 있다면 철학은 언제나 위험한 놀이이자 일종의 모험이다. 철학을 제대로 하는 사람들은 언제나 그 위험성을 감수하고 또 즐길 수 있어야 한다.

니체와 대등하게 생각하려면 우리는 니체가 〈도덕의 계보〉에서 제기하는 문제를 정면으로 받아들여야 한다. 한번 포커를 친다고 가정해 보라. 상대는 내가 생각지도 못한 어마어마한 판돈을 걸며 씩 웃는다. "다치지 말고 죽으시죠." 자신이 없으면 죽어야 한다. 상대의 카드를 진정 보고 싶다면 나도 상응하는 리스크, 즉 판돈을 걸어야 한다는 뜻이다. 니체는 〈도덕의 계보〉로 자신의 판돈을 건 셈이다. 실로 그것은 어마어마하다. 니체의 호가(呼價)에 자신이 없으면 죽어야 한다. 그리고 솔직해져야 한다. "나는 니체가 말하는 것을 잘 모르겠어"라고. 정녕 니체가 말한 내용들이 우리를 불쾌하게 만든다면, 그래서 그에게 한 방 먹이고 싶다면, 니체의 호가에 응해야 한다. 이때 우리에게 요구되는 것은 우리들의 카드 패에 대한 냉철한 판단이다. 우리는 과연 그런가? 니체가 말하고 있는 내용들, 이를테면, 민주주의, 여성, 그리고 인종에 대한 그의 생각이 불쾌하다면 그 이유를 스스로 규명할 수 있어야 한다. 그런 규명이 없이 단지 불쾌하게 생각하는 것은 판돈을 건 상대의 카드를 판돈을 걸지 않고도 보겠다는 뻔뻔함일 뿐이다. 단순히 불쾌감을 표출하는 것은 한순간의 기분풀이에는 좋을지 모르나, 실은 포커판에서 죽는 것에 지나지 않는다. 이것으로 〈도덕의 계보〉가 내게 던지는 근본적인 문제가 해결되는 것은 아니다.(이 깨달음이 내가 책을 몇 번이나 내동댕이치고, 그럴 때마다 스스로를 다잡고 책을 되잡은 이유다.) 우리는 니체처럼 스스로에게 좋은 가치라고 당연시되는 것을 문제 삼을 수 있어야 한다. 내 조언을 오해하면 안 된다. 이것은 니체처럼, 니체와 똑같이 생각하란 말이 아니다. 니체가 자신에게 그랬던 것처럼 독자들도 니체가 던지는 문제를 '독자적으로' 생각하도록 권유하는 것이다. 니체의 말이 옳다는 것을 받아들이라고—이것은 또 한 명의 니체 숭배자를 만들어낼 뿐이다. 니체도 인간인데 그가 한 말이 전부 옳을 수 있겠는가? 아니다! 그도 혼란스러운 생각을 할 수 있고 편협한 이해를 가질 수 있다. 그러나 문제는 그가 편협한 시각을 선보인다고 해서 〈도덕의 계보〉가 가지고 있는 문제의식마저 의미를 상실하지는 않는다.—말하는 것이 아니라, 우리들의 좋은 가치들이, 민주주의가 단지 무리본 능에서 유래하지 않는 것을 스스로에게 확신을 가지고 입 증하기 위해서라도 니체가 던진 문제의식을 '독자적으로' 생각할 수 있어야 한다는 것이다. 이렇게 할 때만이 우리는 니체가 말하는 '강한 자', 즉 독자적으로 판단하고 자율적 으로 행위하는 인간이 될 수 있다.

칸트는 〈순수이성비판〉에서 철학사상을 보여주는 것 이 아니라 '철학하기'를 보여주고 싶었다고 말했다. 〈도덕 의 계보〉도 마찬가지가 아닐까 싶다. 우리는 〈도덕의 계보〉 에서 순수한 독자의 입장으로 한 편의 철학사상을 보는 것 이 아니라, 니체의 질문을 정면에서 받아들여 스스로 '철학 하기'를 실행해야 한다. 이런 점에서 보면, 〈도덕의 계보〉는 다른 고전들처럼 고전의 기능에 아주 충실한 책이다. 언제 나 그렇듯 훌륭한 고전은 책과 독자의 절대적 경계를 허문다. 그것은 건드릴 수 없는 독자의 절대적 지위와 위치를 결코 용납하지 않는다. 훌륭한 고전은 독자로 하여금 인간의 문 제를 생각하게 만든다. 이미 그 책이 일상적인 삶을 살아가 는 독자들의 심기를 상당히 불편하게 만든다는 점에서 〈도 덕의 계보〉는 훌륭한 고전 중의 하나이다. 아마도 독자들은 이 문제를 스스로의 문제로 받아들여야만 내가 위에서 말 한 그 어려움들을 '넘어서' 니체가 진정으로 문제 삼고 싶 어했던 바를 비로소 편견 없이 그리고 객관적으로 이해할 수 있을 것이다.

근본적인 문제의식 I)
- 계보학적 방법이 의미하는 것은 무엇인가?

〈도덕의 계보〉는 저자에 의해 성격이 분명하게 규정된
책이다. 그렇다. 〈도덕의 계보〉는 하나의 '논박서'다. 그렇
다면 누구를 논박하는가? 그것은 영국의 도덕역사학자들이
다. 그들의 무엇을 논박하는가? 그들이 밝히는 도덕관념의
유래를 논박한다. 왜 니체는 그들을 논박하고자 하는가? 간
단히 말하면, 그들이 밝히는 도덕의 유래는 도덕과 공동체
의 보편적인 윤리의 실제적 기원과 형성을 보여주는 것이
아니기 때문이다. 니체와 영국의 도덕학자들 사이에 결정적
으로 쟁점이 되었던 것은 무엇인가? 다음을 읽어보면 어렴
풋이나마 양자 사이의 핵심적인 쟁점을 어느 정도 엿볼 수
있다.

그들(영국의 도덕의 역사학자들) 모두는 낡은 철학자들의
관습이 그러하듯이, 본질적으로 비역사적으로 생각한다. 이 점에
관해서는 의심할 여지가 없다. 그들이 다루는 도덕의 계보학의 미

숙함은 '좋음'이라는 개념과 판단의 유래를 탐구하는 것이 문제될 때, 처음부터 바로 드러난다. 그들은 다음과 같이 선언한다.—"원래 비이기적 행위란 그 행위가 표시되어, 즉 그 행위로 인해 이익을 얻는 사람의 입장에서 칭송되고 좋다고 불렀다. 그 후 사람들은 이 칭송의 기원을 망각하게 되었고 비이기적 행위가 습관적으로 항상 좋다고 칭송되었기에, 이 행위를 그대로 좋다고 느꼈던 것이다. 마치 그 행위가 그 자체로 선한 것인 듯." 이 최초의 추론 과정에서 이미 영국의 심리학자들의 특이체질의 전형적인 특징이 함축되어 있다는 것은 바로 알 수 있다.—'공리', '망각', '습관' 그리고 마지막으로 '오류', 이 모든 것이 가치평가의 기초가 되고 있으며, 보다 높은 인간은 그 평가를 지금까지 인간 일반의 일종의 특권인 양 자랑해 왔다. 이러한 자부심은 마땅히 꺾여야만 하며, 이러한 가치 평가는 탈가치화되어야만 한다. 그러나 그러한 것이 이루어져 왔는가? … 그러나 첫째로 나에게 분명한 것은, 이 이론에서 '좋음'이라는 개념의 본래적인 발생지를 잘못된 장소에서 찾고 설정하고 있다는 사실이다. '좋음'이라는 판단은 '좋은 것'을 받았다고 표명하는 사람들의 입장에서 나오는 것은 아니다. 오히려 그것은 '좋은 인간들' 자신에게 있었던 것이다. 즉 저급한 모든 사람, 저급한 뜻을 지니고 있는 사람, 비속한 사람, 천민적인 사람들에 대비해서, 자기와 자신의 행위를 좋다고, 즉 제일급으로 느끼고 평가하는 고귀한 사람, 강한 사람, 드높은 사람, 높은 뜻을 지닌 사람들에 있었던 것이다. 그들은 이러한 거리의 파토스

(Pathos der Distanz) 가치를 창조하고 가치의 이름을 새기는 권리를 비로소 가지게 되었던 것이다: 그들에게 공리가 무슨 상관이 있었단 말인가!(352-353쪽)

간략하게 정리해 보자. 쟁점의 요지는 바로 이렇다. 영국의 도덕학자들이 보편적 가치의 형성을 그 자체로 좋은 행위에서 설명한다. 즉 좋은 행위가 존재하고 이를 반복해서 행위해 왔기 때문에 그것을 하는 것은 좋은 행위로 당연시된다는 것이다. 니체에게는 이 모든 과정이 거꾸로다. 즉 특정한 행위를 하는 것이 먼저 당연시되어 왔기 때문에 나중에 좋은 행위로 사람들에게 각인 또는 체득되었다는 것이다.

이제 좀더 세밀하게 쟁점의 내용들을 살펴보자. 영국의 도덕역사학자들은 어떤 행위를 하는 것이 당연시되기 위해 먼저 좋은 행위란 무엇인가를 밝힌다. 이를 위해 반드시 전제되어야 하는 것은 사람들이 어떤 것이 진정으로 좋은지를 미리 알고 있어야 한다는 점이다. 즉 좋음은, 좋은 행위는 선험적으로 규정된다는 것이다. 이타적인 행위는 좋은 것이다. 반대로 이기적인 행위는 나쁜 것이다. 공동체의 이익에 준하는 것은 좋은 일이다. 반대로 공동체의 이익에 반하는 일은 나쁜 행위라는 것이다. 좋음과 나쁨을 판단하는 기준을 사람들은 이미 알고 있다는 결론이 나온다. 좋음과 나쁨의 판단은 선험적인 범주에 의거한 판단이 되며, 따라서 한 번 굳어진 좋음과 나쁨의 판단은 이후 비역사적 판단이 된다. 이에 반해 니체는 특정한 행동을 하는 것이 당연시되는 과정에 주목한다. 좋음이란 어디까지나 기원이 아니라 관습화와 습관화에서 파생된다는 것이다. 따라서 당연시되는 행위를 하게 되면 그것은 곧 좋은 행위가 되는 것이고, 그것을 하지 않으면 나쁜 행위가 된다는 뜻이다. 이를 위해 반드시 전제되는 것은 무엇인가? 그것은 바로 관습화와 습관화라는 철저한 역사적 과정이다. 이 역사적 과정이 의미하는 바는 무엇인가? 이 과정은 언제나 '좋음'의 내용을 규정하려는 사람들의 노력과 쟁투의 과정이며, 힘과 권력의 우위를 점한 사람들에 의해 좋음이 지시하는 내용도 달라져왔다는 것이다. 여기서 '좋음' 자체는 언제나 빈껍데기와도 같은 것이 된다. 그리고 역사적 · 공간적으로 껍데기에 담기는 내용은 언제나 달랐다. 그래서 항상 도덕과 보편적 윤리의 형성 과정은 구체적인 인간들의 사회적 실천 행위와 결부지어 생각한다. 좋음이 지시하는 내용이 먼저 있고 이것에 의거해서 살아가는 사람이 좋은 사람이 되는 것이 아니라, 좋은 삶을 사는 사람들이 먼저 존재하고 이들에 의해 '좋음'의 내용이 지시된다는 것이다. 좋은 삶의 실재적 내용은 선험적으로 규정될 수 없으며, 언제나 구체적인 삶의 공간에서 새롭게 규정된다.

이제 니체가 들었던 예를 통해 이 쟁점을 간명하게 해
보자. 여기 손이 있다고 치자. 이 손은 어떻게 유래했는가?
영국의 도덕역사학자는 손의 유래를 손의 효용성이나 목적
론적 기능에서 찾는다. 즉 그것은 잡기 위해 존재한다는 식
이다. 그리고 이 목적에 부합되는 손은 좋은 손이고, 부합
하지 못하면 곧 나쁜 손이 된다. 그리고 이 잡기는 모든 역
사적인 맥락을 뛰어넘어 존재한다. 이에 반해 니체는 전혀
다른 시각을 선보인다. 손은 잡기 위해 존재하는 것이 아니
라, 손이 있기 때문에 잡는 것이 존재한다. 손이 무엇을 잡
게 된 것은 기나긴 진화 과정에서 차라리 우연적이다. 당장
원숭이의 손을 보면, 단지 잡기 위해 존재하는 것이 아님
을 알 수 있다. 땅을 딛고 기기 위해 존재하는 것일 수 있고,
어루만지기 위해 쓰일 수도 있으며, 적을 가격하는 데 쓰일
수도 있다. 즉 시대마다 사회적인 맥락에 따라 손의 기능과
효용성, 목적은 달라지며, 시대적 맥락을 뛰어넘는 손의 동
질적인 목적은 존재하지 않는다는 것이다.

　오히려 모든 종류의 역사학에서 다음의 명제보다도 더 중요
한 명제는 없다. 그 명제는 이룩해내자면 힘이 들겠지만, 그러나
실제로 이룩해야 하는 것이다.—즉 어떤 일의 발생 원인이나 궁극
적인 효용성, 실제적인 사용과 목적 체계로의 편입은 전체와 만나
면서 서로 떨어져 있는 것이다. 현존해 있는 것, 어떤 방식으로든

이루어진 어떤 것은 그보다 우세한 힘에 의해 새로운 견해로 언제나 다시 해석되며 새롭게 독점되어 새로운 효용성으로 바뀌고 전환된다. 유기체적 세계에서 일어난 모든 생기는 하나의 제압이자, 지배이며 그리고 다시금 모든 제압과 지배는 지금까지의 '의미'와 '목적'이 필연적으로 불명료해지거나 완전히 지워져야만 하는 새로운 해석이자 정돈이다. 어떤 생리기관(또는 법률제도, 사회적 풍습, 정치적 관습, 예술이나 종교적 의례의 형식)의 효용성을 아무리 잘 이해했다고 해도, 이것만으로는 아직 그것이 어떻게 발생했는지를 이해하고 있는 것은 아니다: 이것은 고루한 사람의 귀에는 몹시 불쾌하고 불편하게 들릴 수도 있을 것이다.─왜냐하면 옛날부터 사람들은 어떤 사물, 어떤 형식, 어떤 제도의 명백한 목적과 효용성에는 또한 발생 근거가 포함되어 있는 것으로, 즉 눈은 보기 위해 만들어진 것이고, 손은 붙잡기 위해 만들어진 것으로 파악할 수 있다고 믿어왔기 때문이다. 그처럼 형벌도 처벌하기 위해 고안된 것이라고 생각했다. 그러나 모든 목적, 그 효용성이란 하나의 힘에의 의지가 좀더 힘이 약한 것을 지배하게 되고 그 약한 것에 그 스스로 어떤 기능의 의미를 새겼다는 표시에 불과하다. 어떤 '사물', 어떤 기관, 어떤 관습의 역사 전체도 이와 같이 항상 새로운 해석과 정돈이라는 계속되는 기호의 연쇄일 수 있으며, 그 해석과 정돈의 원인들은 서로 연관성을 가질 필요가 없으며, 오히려 사정에 따라서는 단지 우연하게 일어나고 교체될 뿐이다. 따라서 어떤 사물, 어떤 관습, 어떤 기관의 '발전'이란 하나의 목적을

향한 진보 과정이 아니고 더욱이 최소한의 힘과 희생으로 이르게
되는 논리적이고 가장 짧은 진보의 과정은 결코 아니다.—오히려
그것은 다소간 깊어지고, 다소간 서로 독립적으로 그와 같은 사물,
관습, 기관에 미치는 제압 과정의 연속이며, 덧붙이자면, 이에 반
대하여 매번 행해지는 저항이며, 방어와 반작용을 목적으로 시도
된 형식의 변화이자, 또한 성공한 반대 활동의 성과이기도 하다.
형식은 유동적이지만 '의미'는 더욱 유동적이다.(421-422쪽)

　　이상에서 살펴본 도덕의 기원과 형성을 설명하는 상
이한 관점은 서로 대등하다. 우리는 우리의 도덕관념과 보
편적 윤리의식을 영국의 도덕역사학자의 관점에 따라 설명
할 수 있고, 니체의 관점에 따라 설명할 수도 있다. 그렇다
면 과연 어느 쪽이 매혹적인가? 나의 의도를 분명히 하겠다.
도덕의 역사적 기원과 형성 과정을 니체처럼 역사적 관점
에서 접근하는 것이 영국의 도덕역사학자들처럼 목적론적
관점에서 접근하는 것보다 더 뛰어난 점은 무엇인가? 만약
우리가 영국의 도덕역사학자들의 관점을 택해 도덕과 보편
적인 윤리의식의 유래를 설명한다고 했을 때, 우리가 보지
못하게 되는 지점은 무엇인가?
　　"내 행위의 준칙을 일반법칙이 될 수 있게 행위하라"
는 칸트의 정언명령이 담고 있는 이중적인 의미에서 이 문
제를 고려해 보자. 어떻게 우리는 칸트의 정언명령을 실현

할 수 있을까? 여기에는 두 가지 방법이 있다. 나는 주어진 일반법칙을 당연한 현실로 인정하고, 그에 따라 나의 행동을 결정한다. 이는 현실에의 '적응' 방식으로 내가 행동하는 것이다. 나는 학교와 여타의 삶의 공간에서 주어진 일반법칙의 행동준거를 내 판단과 행위의 기준으로 받아들이고 그것에 따라 나의 행위를 조율하면 된다. 이것은 매우 간단하다. 그냥 하지 말라는 것을 하지 않으면 된다. '왜 하지 말라'는 내가 알 바 아니다. 그것은 이미 주어진 것이다. 적신호일 때는 언제나 정지하면 그것으로 칸트의 정언명령은 실현된다. 이것은 철저하게 수동적인 방식이고 적응적인 태도다. 이것이 바로 니체가 말하는 '약자'들의 도덕의식이다.

그러나 칸트의 정언명령을 실현하는 또 한 가지 방법이 있다. 바로 내가 좋아하는 내게 맞는 내가 욕망하는 행위와 판단의 양식을 일반법칙으로 만들어버리는 것. 이것이 니체가 말하는 '권력에의 의지'의 핵심이다. 여기서의 관건은 오직 이것을 이루어낼 수 있는 실제적이고 현실적인 인간의 능력이다. 즉 때로는 다른 사람들을 어르고 달랠 수 있어야 하며, 설득해서 동의를 구해낼 수도 있어야 하고, 정말 필요하면 힘—아, 정말 얼마나 오랫동안 이 힘은 단순하게 '폭력'으로 오해되어 왔는가?—으로 다른 사람들을 제압할 수도 있어야 한다. 이것은 도덕과 윤리의식을 만들어가는 철저하게 능동적인 방식이고 창조적인 태도다. 이것이

'강한 자'들의 도덕관념이다. 이 두 가지 방식과 도덕과 보편적인 윤리의식의 형성을 설명하는 두 관점, 즉 니체와 영국의 도덕역사학자들 사이의 일정한 유비관계를 세우는 것은 굳이 길게 설명할 필요는 없겠다.

　자, 이제 영국의 도덕학자들이 도덕과 윤리의식의 형성을 설명하는 방식에 결여되어 있는 것이 무엇인지 살펴보자. 이들의 설명 방식은 능동적이고 주체적인 도덕적 주체의 가능성을 보유하지 못한다. 이들이 유래를 설명하는 도덕의식은 언제나 주어진 어떤 것에 대한 적응만을 보여줄 뿐이고, 언제나 가상의 차원에서 상정되는 인류 공동체의 목적이거나 인간 본성이거나 또는 어찌할 수 없는 물질세계의 강제성들이다. 그들의 설명 방식은 항상 이런 가상의 세계에 펼쳐진 목적과 본성과 물질세계에 대한 가련한 적응만을 보여줄 뿐이다. 그들은 삶의 구체적인 공간 속에서 펼쳐지는 인간 행위의 점철들로 도덕을 보여주지 않는다. 선험적으로 규정된 인류 공동체의 목적, 인간의 본성, 물질세계의 강제성은 "무엇이 진정으로 좋은가?"라는 논의를 방해한다. 그들은 역사적으로 이미 당연시되는 것을 좋음이라고 상징화하고 탈구체화시키며 구체적인 삶의 공간 속에서 펼쳐지는 인간들의 행위로부터 분리한다. 그것은 건강한 개인들이 자신의 욕망을 보편화시키려는 그 수많은 노력과 시도를 보지 못한다. 결국 그들은 왜 좋은 행위가 좋으며, 좋은 것으로 자리 잡게 되었는지를 설명해내지 못한다. 그것은 현실을 내세워 약자들의 도덕의식을 강제한다. 자체로 좋은 것들이 있다고 믿는 그들은 이 좋은 행위들의 외부를 설명하지 못하기 때문에 과학적이지 않고 언제나 이데올로기에 빠지며 이데올로기적으로 생각한다. "사람들은 이러한 '가치들'의 가치를 주어진 것으로, 사실로, 모든 문제 제기를 넘어서는 것으로 받아들이고는 지금까지도 '선한 사람'을 '악한 사람'보다 훨씬 더 가치가 있다고 평가하는 일이나, 대체로 인간이라는 것(인간의 미래를 포함)을 촉진하고, 인간에게 공리, 번영을 가져온다는 의미에서 훨씬 더 가치가 있다고 평가하는 일에 조금도 의심하거나 동요하지 않았다."(344-345쪽)

반면, 〈도덕의 계보〉는 바로 사람들이 좋은 것이라고 당연시하는 것들의 실제적 형성 과정을 문제의 대상으로 삼는다. "이 새로운 요구, 그것을 우리는 다음과 같이 말해보자. 우리에게는 도덕적 가치들을 비판하는 것이 필요한데, 이러한 가치들의 가치는 우선 그 자체로 문제시되어야 한다."(344쪽) 〈도덕의 계보〉는 보편적으로 좋은 행위, 도덕적인 행위로 인정되는 특정한 행위들이 왜 좋은지를 묻고, 어떤 역사적인 과정을 거쳐 관습화되었는지를 보여주고자 한다. 〈도덕의 계보〉는 바로 이런 질문에 대한 철저한 역사적 규명이고, 좋은 것이 무엇인가에 관한 선험적 규명이 아니라, 무엇이 좋은 것인가에 대한 역사적 규명이다. 이렇게 역사적인 과정을 묻는 곳에서 도덕과 보편적 윤리의식의 형성은 언제나 구체적인 삶의 공간에서 펼쳐지는 자신의 가치기준을 관철시키려는 인간들의 실천적 행위들로 나타난다. 도덕의 기원을 밝히는 〈도덕의 계보〉는 건강하고 강한 주체의 가능성, 이런 존재들의 의지와 욕망의 발현, 주체의 독립적이고 자율적인 판단의 가능성을 보지(保持)한다. 그리고 자체로 좋고 또 바로 이런 이유에서 당연시되는 모든 가치를 부정하고, 좋은 가치가 과연 어떤 역사적 맥락에서 누구에게 좋은 가치인지를 따진다.

이상에서 살펴본 것처럼 계보학적 방법은 현재의 모든 지배적 가치들이 우연적이며 역사적으로 제한적이고 또한 단지 특정한 시대의 특정한 인간 실천들이 만들어낸 산물일 뿐임을 지적하고, 지배적인 가치들이 어떤 경우에도 절대적이거나 필연적인 당위가 될 수 없음을 보여주고 현실을 전방위적으로 지배하는 가치들에 정당한 의심을 품도록 가르쳐주며, 우리에게 새로운 저항의 가능성을 보전해 준다. 또한 현재의 지배적인 가치들이 그 어떤 의미에서도 결코 절대적인 것이 아니며, 언제나 새로운 시대의 새로운 가치들로 대체될 수 있음을 말해 준다. 우리가 어떻게 하느냐에 따라서.

이런 우리에게 결국 계보학적 방법이 말하려는 것은 무엇인가? 단적으로 말하면, 세계가 열려 있다는 것이다.

세계가 열려 있다는 것은 우리에게 무엇을 말해 주는가? 아무것도 의미하지 않을 수 있다. 이를테면, 영화 〈매트릭스 The Matrix〉에서처럼 파란 약을 먹고 구성되고 그 누군가에 의해 세팅된 매트릭스의 세계로 돌아가서 아무런 일이 없었다는 듯 SKY를 바라보며 학교로, 또 한 명의 재벌을 꿈꾸며 직장으로 출근하는 사람에게는 아무 의미를 가지지 않는다. 세계는 언제나 닫혀 있을 뿐이다. 그러나 계보학적 방법은 아주 많은 것을 의미할 수도 있다. 빨간 약을 먹고 토끼 배의 가장 깊숙한 곳, 즉 우리가 살아가는 세상의 가장 깊은 곳을 체험코자 하는 사람에게는 전도된 가치들이 평가받는 세상이 여전히 가능함을, 다른 삶의 지향점이 여전히 가능함을, 그래서 다르게 판단하고 다르게 행위하는 인간들의 도래가 여전히 가능함을 의미한다.

근본적인 문제의식 II)
—강한 자 되기

얼핏 보면, 〈도덕의 계보〉는 마치 강자의 논리를 대변하는 것처럼 보인다. 그것도 아주 열심히. 그리고 인종주의적 편견을 가진 사람의 글처럼 읽힌다. 인간의 모든 행위를 피할 수 없는 자연적 본성에 따르듯이 해석하는 것처럼 보인다. 그래서 적지 않은 사람들이 니체에게 의혹을 제기해 왔다. 니체에게는 생물학주의자, 강자들을 위한 이데올로그, 전체주의의 지지자, 인종주의자, 성차별주의자 등등, 이루 말할 수 없이 많은 의혹과 비난이 제기되었다. 〈도덕의 계보〉에서 이 같은 의혹을 불러일으키는 표현들을 찾아내기는 그리 어려운 일이 아니다. 정말 그는 인종 · 여성차별주의자인가? 정말 그는 모든 정신적 가치들을 부정하는 생물학주의자, 민주주의적 가치를 정면으로 부정하는 전체주의자, 약자들에 대한 정당한 지배를 일방적으로 옹호하는 강자를 위한 이데올로그인가?

일부 구절들은 확실히 이런 의심을 살 만하고, 그 스스로가 표현을 통해 오해의 소지를 불러일으켰다면, 변명의 여지가 없다. 그 점에 대해서는 분명히 책임을 져야 한다. 그러나 만약 우리가 공정한 사람들이라면, 그 책임의 한계도 분명히 설정해 주어야 한다. 그렇다! 그가 책임질 일은 스스로의 진의를 흐리게 만드는 서투르고 신중하지 못한 표현과 언사지, 인종주의와 전체주의의 짬뽕인 나치즘 같은 괴물의 탄생은 아니다. 이 같은 책임론에 대해 아마도 니체는 다음 구절로 답을 대신했을 것 같다.

"이런 일에서 생각지 않은 나쁜 일이 벌어졌구나" 하는 느낌이었지, "그런 일을 하지 말아야만 했을 걸"이라는 느낌은 아니었다. … 만일 당시에 행위를 비판하는 것이 있었다면, 그것은 신중함이었다."(429쪽)

이렇게 책임을 묻고 변명을 듣는 것은 확실히 생산적인 논의는 아니고, 언제나 과거 지향적이다. 차라리 우리는 다음과 같이 질문하는 편이 훨씬 더 생산적이다. 수많은 오해의 소지에도 불구하고 위에 인용된 바와 같이 자신의 일을 후회하지 않는 그 절박한 이유는 무엇이었던가? 이제 그 이유를 추적해 보자.

나는 앞에서 칸트의 정언명령을 두 가지 방식으로 해석함으로써, 니체가 말하는 진정한 강자와 약자가 어떤 의미를 지니는지 추적했다. '강자'는, 그렇다 곧 '강한 자'다. 강한 자는 얼마든지 강자가 될 수 있지만, 모든 강자가 강한 자가 되는 것은 아니다. 니체가 광기에 게거품을 물어가며 말하는 강한 자는 누구인가? 한마디로 주권적 개인들이다. 자신의 의지를 표출하고, 자신의 욕망을 실현하고자 하며, 뚜렷한 주관과 신념에 따라 삶을 영위해 나가는 건강한 개인들이다. 주어진 가치들을 언제나 자율적·독자적으로 판단하며 실천에 옮기는 사람들이다. 그들은 적극적이고, 능동적으로 자신의 가치들을 만들어가고 창조해가며, "언제나 자발적으로 행동하고 성장한다. 그들은 자기 자신에게 더 감사하고 더 환호하는 긍정을 말하기 위해 자신의 대립물을 찾을 뿐이다."(367쪽) 강한 자는 좋은 것을 먼저 생각한다. 나쁜 것은 좋은 것이 이루어지지 않은 상황을 말할 뿐이다. 나쁜 것은 언제나 좋은 것에 의해 파생되는 '창백한 이미지'일 뿐이다. "그는 언제나 강한 자는 '좋음'이라는 근본 개념을 먼저 자발적으로 만들고, 즉 자기 자신에게서 생각해내고, 거기에서 비로소 '나쁨'이라는 관념을 만들게 된다." 자신의 자발적 행동과 성장에 강한 자는 남들의 시선에 신경을 쓰지 않으며, 주변세계의 가치체계에 아랑곳하지 않고, 가치들을 판단할 때 결코 지배적인 가치들을 곁눈질하지 않는다. 그들에게 지배적인 가치는—스스로 지배적이고자 하기 때문에—존재하지 않고, 존재한다고 해도 단지 정확한 상황인식을 위해서만 존재할 뿐이다. 강한 자는 자기 판단이 확실히 서면 단호하게 행동한다. 주어진 가치들은 없어져만 하거나 자신이 만든 것인 양 철저하게 준수한다. 여기서 그가 신뢰하고 복종하는 것은 정확한 세계인식, 스스로의 냉철한 판단력, 그리고 자신의 실행 능력뿐이다. 또한 그는 자신의 좋은 가치들을 자신뿐만 아니라 사회적으로도 관철시키고자 시도하는 사람이다. 그는 대등한 상대와의 경쟁을 즐기고, 또 이길 수 있으며, 자신의 승리에 건강한 상대의 역할을 솔직히 인정할 줄 아는 사람이다.(이 점에서 니체는 강자들의 능력으로 사랑을 이야기한다. 371

쪽 참고). 그는 약자를 동정하지 않고, 자신의 무한한 능력에 대한 신뢰로 약한 자에게 '자비'를(416쪽 참고) 베풀 줄 아는 사람이다. 이 모든 것을 실행할 수 없었고 또 없는 자가 약한 자다. 그러나 약한 자가 된다는 것은 슬프기는 해도 서글픈 일은 아니다. 약한 자는 한때 강한 자와 맞섰던 깨끗한 패배자만을 의미할 뿐이다. 삶에서는 언제나 이기는 자와 지는 자가 있게 마련이다. 모두가 승자가 될 수는 없지 않는가? 우리는 이 약한 자를 약자와 동일시해서는 안 된다. 약한 자는 약자들처럼 강한 자의 발목을 잡고 늘어지지 않는다. 약한 자는 약자들처럼 강한 자의 행복과 행위를 방해하지 않는다. 오히려 약한 자는 강한 자의 분투와 진전을 기원한다. 이렇게 해서 약한 자는 다시 강한 자가 될 수 있는 가능성을 온전히 보존한다. 자, 이제 간단히 정리해 보자. 니체가 말하는 강한 자는 누구인가? 한마디로 지배적인 가치에 매몰되지 않고 자기를 창조적으로 실현해내는 매력적이고 고귀한 인간이다.

여기서 잠깐 니체에 가해진 의혹을 불식시키기 위해 한 마디를 덧붙이고자 한다. 누구든지 강한 자가 되고자 하는 욕구, 자신의 삶을 실현하려는 욕구, 삶의 조건을 최적화시키려는 욕구, 삶의 지평을 넓히려는 욕구를 갖는다. 이러한 욕구들을 갖지 않는다는 것은 적어도 니체에게는 경기에 지려고 경기장에 입장하는 선수들처럼 일종의 넌센스

이다. 인간이란 언제나 이런 욕구로 충만된 존재라는 것이
바로 니체가 도처에서 언급하는 '생물학적 본능'의 참의미
다. 언제나 자신의 삶을 의욕하는 것이 인간이란 생명체가
갖는 본능이자 삶의 원리라는 것이다. 그렇다! 니체가 〈도
덕의 계보〉에서 구성하는 생물학은 인간의 창조성과 능동
성을 바탕으로 한 인간학적 생물학이지, 모든 인간의 행위
를 인간행태론처럼 원숭이와 개구리들의 행태로 환원지어
자극과 반응의 등식으로 설명하려는, 사회생물학처럼 환경
적응으로 해석하는 반동적인 생물학적 인간학을 의미하지
않는다.(423쪽 참고) 강한 자는 이상에서 보는 삶의 원리에
충실하고 삶의 원리를 보존하는 인간들이다. 이쯤 되고 나
면 진정으로 강한 자가 없어서 문제지, 많아서 문제가 되는
것은 결코 아니지 않겠는가?

　　자, 이제 〈도덕의 계보〉에 담겨 있는 결정적인 문제의
식에 다가가자. 니체로 하여금 이 책을 쓰게 만들었던 문제
의식은 무엇이었던가? 글을 쓰지 않고는 못 배기게 만든 결
정적인 문제의식은 무엇이었나? 니체의 표현을 빌리면, '나
쁜 공기'다.

　　"나는 이 자리에서 탄식과 마지막 기대를 억누를 수가 없다.
내가 정말 참을 수 없는 것이란 무엇일까? 내가 홀로 해결하지 못
하는 것, 나를 질식시키고 초췌하게 만드는 것은 무엇일까? 그것

은 나쁜 공기다! 나쁜 공기란 말이다! 무언가 잘못된 것이 내 근처로 다가오며, 내가 잘못된 영혼의 내장에서 나는 냄새를 맡아야만 한다는 사실이다! … 그 밖의 것이라면 견뎌내지 못할 것이 무엇이 있겠는가?"(375쪽-376쪽)

인간을 퇴화시키고 주권적인 개인들을 말살하는 아주 '나쁜 공기'다. 강한 자가 사라지게 만들고, 오직 강자만을 만들어내며, 약한 자를 병들게 하여 약자로 만들어내는 사회의 전체적인 분위기다. 사회적 강자가 강한 자를 참칭하고, 약자가 약한 자를 호도하는 현대 문명의 퇴행적 분위기다.
강자는 누구를 말하는가? 그들은 현재의 질서 속에서 단지 부와 명예를 가진 자들일 뿐이다. 니체의 이해대로라면 이들은 결코 강한 자들이 아니다. 왜냐하면 그들의 가치 판단은 언제나 자신에서 유래하지 않고, 외부에 존재하는 것들에서 기인하기 때문이다. 그들은 본질적으로 약자들이다. 단지 가진 것, 소유한 것이 많은 약자들일 뿐이고, 언제나 그 무엇에 의해 소유당하는 자들이다. "소유하는 자는 소유당한다."(470쪽) 그들을 소유하고 있는 것은 무엇인가? 자기가치의 실현인가? 아니다. 바로 지향하는 것이 당연시되는 지배적인 가치들이다. 이들이 실현하는 자기욕망도 독자적인 욕망이 아니고, 이들이 살아가는 삶도 독자적인 삶이 아니다. 그 삶은 자본의 삶, 권력의 삶, 명예의 삶이다.

이 강자들에게서 자본, 권력, 명예를 빼앗아보라. 그들은 과연 매력적인 인간일 수 있을까?

　약자들은 누구인가? 가진 것도 없으면서 강자를 꿈꾸며 살아가는, 자신들을 짓밟고 서 있는 강자를 마냥 멍하게 좋아만 하는 무리들이다. 이들은 강자들에게 자신의 권리를 요구하고 필요하면 빼앗는 게 아니라, 강자들의 자선에 눈물을 흘리고 동정에 기댄다.─한때 우리나라에서 있었던 금모으기 운동은 사견임을 전제로 말하면 니체가 고발하는 문명의 퇴행적 분위기를 병리적으로 보여주는 극단적인 변형사례다. 어떻게 된 게 우리나라에서는 강자들이 말아먹고 오히려 약자들이 동정한다.─약자들은 언제나 행위하기 전에 주변을 살피며, 행위하는 와중에도 끊임없이 곁눈질을 한다. 왜, 독자적으로 판단하고 자율적으로 행동하는 무리의 사람들이 아니니까. 이들은 언제나 내가 무엇을 할 수 있는가의 관점이 아니라, 무엇을 해서는 안 되는가의 관점에서 행동 규준을 마련한다. 무엇은 해도 되고 무엇은 하면 안 된다고 규정하는 것은 어디까지나 현재의 지배적인 가치들이다. 이렇게 약자들에게는 강자들에 의해 주어진 지배적인 가치들이 절대화된다. 약자들이 가장 못 참는 존재가 있으니, 바로 강한 자들이다. 강한 자는 언제나 지배적인 가치들에 대해 필연적으로 저항적일 수밖에 없기 때문이다. 약자들은 강한 자들의 독자적이고 자율적인 가치평가를 군

중의 목소리로 짓뭉개버리고, 정면에 나서지 않으면서 항상 강한 자들을 씹어대는 늑대 무리다. 그리고 지배적 가치에 의해 당연시되는 것이 거부되면 언제나 집단적으로 행동한다. 일례로 한 평론가의 건강한 영화·문화 비평이 한순간에 반역행위로 매도되기도 한다. 약자들은 언제나 강한 자들의 발목을 잡고 질시하고 시기하고 끊임없이 뒤통수에서 웅얼거린다. 약자는 스스로의 삶에 회한적인 존재이며, 강한 자들에 대한 원한의 존재들이다. 그들은 강자에 의해 주어진 지배적인 가치들을 철저하게 내면화시켜 절대시하고 신성시한다. 지나가는 김에 니체에게 책임이 돌려졌던 나치즘과 관련해 한마디 하자면, 나치즘과 니체와의 상관성은 거의 없다고 봐야 할 것이다. 가만히 생각해 보라! 나치즘이란 괴물이 과연 니체가 아쉬워했던 강한 자가 많아서였는지 아니면 강한 자를 증오했던 약자들이 우글대서였는지를. 우리 시대, 우리는 과연 미래에 강한 자를 기대할 수 있을까? 모두가 지배적인 가치에 따라 자신의 가능성을 죽이고 공무원과 법관과 의사를 꿈꾼다면 말이다. 지배적인 가치가 절대시되고 불변하는 것으로 간주되는 사회보다 더 '위험한', 더 '병든' 사회는 없다. 사회는 이렇게 점점 위험해지고 있는데도 지배적인 가치에 찌들고 병들어 어느덧 모두가 약자가 된 탓에 아무도 그 위험성을 보지 못한다. 이러한 현대 사회의 병든 상황이 니체에게는 너무도 답답

했던 것이고, 이런 울분에서 바로 〈도덕의 계보〉는 탄생한 것이다.

사람은 지하의 투쟁적인 생존을 영위하기 위해 태어났기 때문에, 근본적으로 다른 모든 일도 잘 해결하게 될 것이다. 사람들은 언제나 되풀이해서 세상에 나타나고 되풀이해서 승리의 황금시간을 체험한다.—그리고 사람들은 그때 위급한 모든 경우에 언제나 더 팽팽하게 당겨지는 활처럼, 부러지지 않고 팽팽하게 당겨져 새로운 것, 좀더 어려운 것, 멀리 있는 것을 향하도록 태어난 것처럼, 그렇게 서 있는 것이다.—그러나 때때로—선악의 저편에, 숭고한 수호의 여신들이 있다면—내가 한 번 볼 수 있게 해달라! 아직도 두려움을 느끼게 만들 만한 완전한 것, 마지막으로 이루어진 것, 행복한 것, 강력한 것, 의기양양한 것을 내가 한 번 볼 수 있게 해달라! 인간을 변호하는 인간, 인간을 보완하고 구원하는 행복의 경우를, 그리고 그 때문에 인간에 대한 믿음을 견지할 수 있는 경우를 한 번 볼 수 있게 해달라! 유럽인의 왜소화와 평균화는 우리의 최대 위험을 숨기고 있기 때문이다. 왜냐하면 이 모습이 우리를 지치게 만들기 때문이다. 오늘날 우리는 좀더 위대해지려는 그 어떤 것도 보지 못한다. 우리는 더욱 아래로, 아래로 내려가며, 좀더 빈약한 것, 좀더 선량한 것, 좀더 영리하고 안락한 것, 좀더 평범하고 무관심한 것, 좀더 종국적이고 그리스도교적인 것으로 되어가는 것을 예감하고 있다. … 여기에 바로 유럽의 운명이 있다.―인간에 대한 공포와 더불어 우리는 또한 인간에 대한 사랑과 경외심, 인간에 대한 희망, 아니 인간에 대한 의지도 잃어 버렸다. 이제 인간의 모습은 우리를 지치게 만든다.―이것이 허무 주의가 아니라면, 오늘날 무엇이 허무주의란 말인가? … 우리는 인간에게 지쳐 있다.(376~377쪽)

〈도덕의 계보〉는 현실에 도전하는 인간, 그로부터 자 신의 행복을 찾는 인간, 그로부터 자부심을 찾는 인간의 가 능성을 유지하기 위한 기획이다. 인간을 변호하기 위한, 인 간을 보완하고 구원하는, 인간에 대한 경외와 신뢰를 견지 하려는 열망의 분출인 것이다.

열린 세상을 인간으로 살기
-나로서 살기

요컨대, 열린 세상을 인간으로 살아간다는 것은 무엇 을 뜻하는가? 진정 나로서, 나답게 살아가는 것이다. 나로 서 살아가는 인간의 부재, 나로서 살아가는 인간을 말살시 키는 세태야말로 〈도덕의 계보〉가 고발하고자 했던 대상이 다. "It's not supposed to be anything." 그렇다. 영화 〈플

레젠트빌〉에서 지배적인 가치에 찌들고 병든 인생을 한탄
하며 흘리는 엄마의 눈물을 주인공 소년이 닦아주며 했던
말처럼 어떻게 살아야 하는지를 지시하는 초월적 가치들
의 불변적 질서란 존재하지 않는다. 오직 나로서 살기, 나
답게 살기야말로 건강한 인간들의 건전한 공동체를 기원할
수 있는 유일한 방법이다. 내 글의 독자들 대부분은 학생이
라고 생각한다. 여러분들이 오늘 하고 있는 그 지겨운 공부
가 과연 내가 하는 즐겁고 명랑한 금욕적 활동이 될 것인지,
아니면 외부에서 지정된 나를 병들게 하고 지치게 하는 강
제된 금욕이 될 것인지는 전적으로 나로서 살아가는 것에
달려 있다.

다음 글을 읽고,

1. 제시문 (가)와 제시문 (나)는 각각 문학과 역사라는 다른 대상을 다루지만 두 글 사이에는 대상을 대하는 자세에서 공통점이 있다. 이 공통의 자세를 설명하시오.

2. 제시문 (다)와 (라)는 (가)와 (나)의 '객관주의'를 비판하고 있다. 이 비판의 준거점들을 서술하시오.

3. 제시문 (마)에서는 예술작품을 이해하는 두 가지 대립적인 관점들이 소개되고 있다. 이 관점들의 요지를 서술하고, 어느 것이 더 '바람직한' 예술작품의 이해 방법인지에 관해 자신의 견해를 사례를 들어가며 밝히시오.

(가)

〈젊은 베르테르의 슬픔〉을 읽으며 괴테가 원래 의도했던 것이 무엇인지를 묻는 것은 자연스러운 일이다. 우리는 괴테라는 천재적인 작가의 정신의 행로를 따라가며 그의 삶과 문학을 간접적으로나마 체험하기를 원한다. 그래서 우리는 자신의 관점에서가 아니라 실제 괴테가 처했던 상황에서 그의 글을 읽는다. 이렇게 독자의 주관성을 배제하고 저자의 의도를 발견하는 것이야말로 예술 작품을 대하는 옳은 태도이다. 그렇지 않다면 각자의 입장에 따른 주관적 왜곡을 피할 길이 없을 것이다.

(나)

랑케는 오로지 실재했던 사실만을 기술하고자 했다. 사료(史料)에 대한 비판적 검증을 통해 그는 문헌 안에서 역사적 사실만을 가려내려고 했던 것이다. 랑케의 모든 저작에는 역사적 객관성을 향한 강한 의지와 동력이 엿보인다. 그는 언제나 무한히 풍부한 사건들로부터 객관적 역사적 연관을 찾되 형이상학적인 역사 구성의 우를 범하지 않는, 실증적인 탐구 방법을 추구했다. 즉 사실을 있는 그대로 파악하기를 원했던 것이다. 랑케는 자신의 현재에서 눈을 떼고, 불편부당하고 객관적인 과학으로서의 역사학을 정립하려고 노력했다.

(다)

우리는 '순수이성'이나 '절대 정신'이나, '인식 자체'와 같은 그러한 모순된 개념의 촉수를 경계해야 할 것이다. 여기에서는 항상 도저히 생각할 수 없는 하나의 눈이 있다는 것을 생각하도록 요구하고 있는데, 이는 전혀 어떤 방향도 가져서는 안 되는 하나의 눈이며, 이러한 눈에서 본다면 본다는 것이 또한 어떤 무엇을 본다는 것이 되는 능동적이고 해석적인 힘은 저지되어야만 하고, 결여되어 있어야만 한다. 따라서 여기에서 눈이 요구하는 바는 언제나 불합리한 것이며 또 넌센스이다. 오직 관점주의적으로 보는 것만이, 오직 관점주의적인 '인식'만이 존재한다. 우리가 그와 같은 사태에 대해 좀더 많은 눈이나 다양한 눈을 맞추면 맞출수록, 이러한 사태에 대한 우리의 '개념'이나 '객관성'은 더욱 완벽해질 것이다. 그러나 의지를 모두 제거하고, 정서를 남김없이 떼어낸다는 것은, 우리가 그것을 설령 가정해도, 어떻게 할 수 있단 말인가? 이것은 지성을 거세하는 것을 의미하는 것이 아닌가?

—프리드리히 니체 〈도덕의 계보〉 제3논문 12절, 482-483쪽

(라)

우리의 삶과 무관한 저자의 의도가 도대체 무슨 의미를 가지는지 물을 수 있다. 우리는 현대인으로서 나름의 관점과 기준을 가지고 〈젊은 베르테르의 슬픔〉을 읽는다. 모든 고전은 시대마다 고유의 관점에서 재해석되며, 거기에 새로운 의미가 더해진다. 해석은 자유로운 창조이다. 지금 우리의 삶에 아무런 의미를 보태지 못하는 저자의 원래 의도는 죽은 사실에 불과하다.

비트겐슈타인은 언어활동을 놀이, 게임에 자주 비교한다. 게임 속의 대상은 선험적으로 주어져 있는 것이 아니고 게임의 틀 내에서 생성되고 규정된다. 문맥을 떠나서 대

상은 없다. 대상은 그것을 욕구하고, 향유하고자 하는 행위자 즉 '규칙을 변용하는 나'를 매개로 해서 생성되는 것이다. 그러므로 대상은 행위자의 '행위'를 매개로 하지 않고는 무의미하다. 의미의 철저한 추구에 기초한 비트겐슈타인의 언어철학은 결국 '행위'의 확인으로 귀착된다.

(마)

칸트는 미의 술어 가운데 인식을 명예롭게 만드는 것, 즉 비개인성과 보편타당성을 우대하고 전경에 세우는 것이 예술에 경외를 표하는 것이라고 생각했다. 이것이 본질적으로 그릇되지 않았는지 하는 문제는 여기에서 다룰 만한 것이 못 된다. 내가 오직 강조하고자 하는 점은 칸트도 다른 모든 철학자와 마찬가지로 예술가(창작자)의 체험에서 미학적인 문제를 바라보는 대신, 오직 '관람자'의 관점에서 예술과 미에 대해 숙고했고, 이 경우 아무도 모르게 '관람자' 자신을 '미'의 개념 속으로 집어넣었던 것이다. 그러나 이 '관람자'만이라도 미를 다루는 철학자들에게 충분히 알려져 있었더라면! 즉 그것이 어떤 중요한 개인적인 사실이나 경험으로, 미의 영역에서 가장 고유하고 강력한 체험, 욕망, 경이, 황홀의 충만으로 알려져 있었더라면! 그러나 내가 두려워하는 바대로 언제나 사정은 반대였다. 우리는 처음부터 그들이 내린 정의를 수용했는데, 그 안에는 칸트가 미에 대해 내린 저 유명한 정의와 마찬가지로, 좀더 섬세한 자기 체험의 결여가 근본 오류라는 살진 벌레의 형태로 앉아 있는 것이다. 칸트는 "미란 무관심하게 사람들을 즐겁게 하는 것이다"라고 말했다. 무관심하게! 미를 일찍이 '행복의 약속'이라고 부른 진정한 관람자이자 예술가인 스탕달이 내린 저 다른 정의와 이것을 비교해 보자. 어쨌든 여기에서는 칸트가 오직 미적 상태라고 강조했던 그 무관심이라는 것이 거부되고 삭제되었다. 누가 옳단 말인가? 칸트인가 스탕달인가?

—프리드리히 니체 〈도덕의 계보〉 제3논문 6절, 460-461쪽

미국에서 1억부 이상 판매된 기적의 논술가이드
클리프노트가 한국에 상륙했다!!

방대한 고전을 하루만에 독파하는 스피드
다락원 명작노트 **CliffsNotes™** 시리즈는

▶ 미국대학위원회, 서울대, 연·고대 추천 고전을 알기 쉽게 재구성한 대한민국 대표 논술교과서입니다. ▶ 작품의 핵심내용과 사상, 역사적 배경, 심볼, 작가의 의도 등을 명확하게 정리하여 방대한 원작을 쉽고 빠르게 이해할 수 있게 해줍니다. ▶ 미국에서 리포트, 논술용으로 1억 부 이상 팔린 초베스트셀러의 명성에 비평적 사고와 논리적 글쓰기의 모델을 제시하는 〈一以貫之〉의 논술 노트를 통해 사고 능력, 읽기 능력, 쓰기 능력을 체계적으로 길러줍니다.

★ 〈一以貫之〉 논술연구모임: 대입 논술이 시작될 때부터 학원과 학교에서 논술을 가르쳐온 전문가들의 모임입니다. 현재 서울·분당·평촌·인천·광주·부산·울산 등의 유명 학원과 고등학교의 논술강의 현장에서 학생들이 '자신의 물음'과 '자신의 생각'을 갖고 '자신의 글'을 쓸 수 있도록 도와주고 있습니다.